長谷川正安著

日本の憲法

第三版

岩波新書

332

はしがき

『日本の憲法』の初版が世に問われたのは、一九五七(昭和三二)年、日本国憲法が施行されて一〇年たった時である。この一〇年は、占領下の五年、そして旧安保条約下の五年という、生れたばかりの新憲法にとって、きわめて異常な一〇年であり、その異常さが、私が本書をまとめる動機となった。

一九五七年といえば、A級戦犯容疑者の岸信介が自民党内閣の首相となり、自衛隊の第一次防衛力整備計画が決定された年である。開店休業をつづけていた政府の憲法調査会が、自主憲法制定を目指して活動を始めた年でもあった。この当時は、戦前の、明治憲法的な慣行や古い憲法意識が、日本社会の各所に色こく残っていた。

その時から二〇年、高度成長の六〇年代をへた一九七七(昭和五二)年に、憲法施行三〇年を記念して、本書の第二版を書く機会が与えられた。誕生の時はもちろん、育ちざかりの少年期を正常な環境で送ることのできなかった日本国憲法が、成人してどのような憲法になったか、私なりに自分の目でたしかめようとしたのが第二版である。

したがって第二版の内容は、一般の憲法書のように、日本国憲法の条文を、そのまま矛盾なく、体系的に説明するものにはならなかった。私は、日本の憲法の実態をまず明らかにし、憲法の条文と実態の間にある矛盾を追究しつづけた。改憲と護憲の激しいせめぎあいの三〇年、一世代たっても、憲法の条文は一字一句変っていない。しかし、憲法の実態はかなり大きく変化した。

それからさらに一七年の歳月がたち、戦後五〇年は目前である。第二版でえがきだした日本の憲法の諸矛盾は、その後なに一つ克服されることなく、事柄によってはいっそう矛盾を深めながら今日にいたっている。

今ふりかえってみると、七〇年代の後半から八〇年代一杯は、日本の憲法にとって、戦後最大の反動期であった。それだけではなく、八〇年代の終りから九〇年代にかけて、日本の憲法をとりまく内外の情勢は激変し、その変化を無視しては、日本の憲法の現状はもちろん、その将来をも考えることはできなくなった。

私はいま、五〇年代の初版、七〇年代の第二版につづいて、九〇年代の激変する内外情勢の真只中で第三版をまとめようとしている。二〇世紀が終ろうとしている世界、その中の日本、そしてそこに展開している憲法の現状を探るのが私の仕事である。

目次

はしがき

I　憲法を考える

1　憲法とはなにか

本書はこれから日本の憲法の実態をのべていくのだが、できるだけ誤解を生じないように、本書があつかう「憲法」とはなにかを、まず説明しておきたい。

憲法の意味　憲法という語の意味は、戦後の辞典『広辞苑』（初版、岩波書店）を引くと、こうなっている。

「①おきて。のり。国家ののり。国法。②国家存立の基本的条件を定めた根本法。国の統治権、根本的な機関、作用の大原則を定めた基礎法で、他の法律・命令を以て変更することを許さぬ国の最高法規。」

『広辞林』（第五版、三省堂）はもう少し具体的で、第一の意味が「基本となるきまり。おきて。のり。」で、用例として「憲法十七条」「わが家の憲法」があげられている。そして第二の意味として、「国家の組織および作用を規定する基本法。すなわち、統治権の主体・客体および機関・作用の大原則を規定するもので、他の法律命令で変更することを許さない国家最高の基本的法規。」とのべられている。

念のため、戦前の『廣辭林』新訂版をみると、第一の意味は「おきて。のり。」とあり、つぎの第二の意味をのべるまえに〔Constitution〕という外国語が挿入されている。Cが大文字になっているから、執筆者は、多分英語のコンスチチューションが、第二の意味の語源であることを示したかったのであろう。*

＊『広辞苑』第四版では、第二の意味の冒頭に（constitution）という単語が入っている。cは小文字である。

私たちは右のことから、聖徳太子（五七四―六二二）の「憲法十七条」の昔から用いられている「憲法」という日本語が、広く規則や規範を指すものであり、現在用いられている意味は、外国語に由来するものであることを知ることができる。本来の日本語の意味と新しい翻訳語としての意味のちがい、新しい「憲法」という用語が成立する明治維新前後のプロセスについては、穂積陳重『法窓夜話』（岩波文庫）がくわしくのべているので、関心のある方は、それをみてほしい。

辞典が示す第二の意味で、日本の憲法といえば、戦前ならば大日本帝国憲法（明治憲法）、戦後ならば日本国憲法（昭和憲法）という、六法全書の冒頭にかかげられている憲法典を思いうかべるのが一般である。そして、憲法とは憲法典のことであり、それが憲法のすべてであるなら、ことは比較的簡単である。しかし、現実はそう簡単にできていない。

明治維新以来、日本が国づくりのモデルとしてきた先進諸国は、アメリカ合衆国、フランス、ドイツ、オランダなどすべて憲法典をもっていた。その唯一の例外だったのは日英同盟(一九〇二・明治三五年)まで結んだイギリスである。

イギリスの憲法

一六八九年の名誉革命以来、イギリスの憲法 Constitution は西ヨーロッパや北アメリカの思想家たちの研究対象となり、イギリスは近代憲法を生んだ母国として高く評価されてきた。モンテスキュー『法の精神』(一七四八)で展開された三権分立の理論が、イギリスをモデルとしていたのは有名な話である。しかし、このイギリスには、名誉革命以来、憲法典はなかったし、今日でも大英帝国憲法というような法典は存在しない。

憲法 Constitution は存在するが憲法典 Constitutional Code は存在しないとすると、イギリスではなにが憲法と考えられているのだろうか。オックスフォード英語辞典ＯＥＤ(一九三三年版)の constitution を引くと、第七番目の意味として、つぎのような説明がある。

「ある国民、国家、あるいは、政治体が、それにしたがって組織され、統治される基本原理の体系、あるいは、基本原理の集合。この意味は、一六八九年から一七八九年の間に、しだいにできあがった。」

一六八九年から一七八九年というのは、イギリスの名誉革命からフランスの大革命にいたる近代憲法生成の一世紀である。この間北アメリカでは、アメリカ合衆国の独立と合衆国憲法の制定(一七八七)があった。

憲法律　イギリスでは、これが憲法だと思われているものに、まず議会の法律 Statutes がある。国家の統治原理や組織原理を規定するとみられる法律、たとえば権利章典(一六八九)、王位継承法(一七〇一)がそうである。議会の構成を革新した選挙法改正(一八三二)以来何回か改正された人民代表法、二〇世紀になってからは、衆議院の優越を決定づけた議会法(一九一一)、大英帝国の統合を規定したウェストミンスター法(一九三一)は憲法といってよいであろう。もちろん無数にある法律の中から、これが憲法だというのを選ぶのは、理論的にはむずかしいが、歴史的にみるとそれほどむずかしい仕事ではない。

憲法慣行　イギリスはもともと判例法 common law の国であり、歴史的伝統や慣行を尊重する国であるから、政治的慣行が憲法とみなされる場合が少なくない。国王は、議会の可決した法案にたいして拒否権を行使しない、とか、衆議院議員の総選挙で第一党となった政党の総裁が首相に任命される、という政治上の慣行。そして、「国王は君臨すれども統治せず」という立憲君主制の憲法原則の主要部分は慣行からなっているのである。

イギリスには憲法典がないから、イギリスの憲法学者は、イギリスの政治と法の長い歴史を研究し、その現状をふまえて、なにが憲法であるかを自分自身で判断しなければならない。形式にとらわれることなく、実質的に憲法と憲法でないものを区別する。このことは、日本の憲法を考える場合にも大変参考になる。判断が形式的になりがちな日本の研究者にとって、反省の材料になるといってもいいすぎではない。

イギリスでは、オックスフォード英語辞典ＯＥＤも指摘しているように、現実に存在する国家の組織や統治の原理の体系が Constitution である。それは、現実に行われている政治や施行されている法律に内在する原理であって、まだ実現していない理想や理念を指しているわけではない。

ところが、憲法典のある国では、条文の形で書かれていることが憲法だと思いがちである。そこにはまだ実現していない理想やそうあるべき規範が書かれていても、それを憲法と思い、憲法と思うことによって、それらがすでに現実のものとなっていると錯覚におちいることが少なくない。したがって、憲法典のある国では、条文に規定されていることと現実に行われていることの乖離《かいり》が問題にならざるをえない。この乖離をはらんだものが憲法典をもつ国の憲法なのである。

規範と現実の乖離

日本の憲法もまた、憲法典の条文として書かれている規範と、それが実施されてできあがった現実とが乖離しているという、法典国に共通の問題をもっている。

現代世界には、憲法典をもっていても、それとまったく関係なしに政治が行われている国がないわけではないから、日本の憲法における規範と現実の乖離を一方的に非難することはできないが、フランス、ドイツ、アメリカ合衆国など、憲法の先進国と比較すると、日本における乖離の仕方は独特といわないわけにいかない。抽象的な法文と具体的な現実が乖離するのはある程度やむをえないが、日本の場合には、そのずれ方が量的に大きいだけでなく、質的な矛盾をはらんでいるものがあるのが問題である。

日本の実状をまったく知らない外国人が、日本国憲法の第九条を読んだとすれば、日本には、陸海空軍その他の戦力は一切存在しないと思うにちがいない。日本には自衛隊という名の近代的装備をもった戦力があるだけでなく、全土にアメリカ軍の基地があり、アメリカの陸海空軍が配置されているのを知ったとき、憲法第九条の法文と現実の軍備との間にあまりに大きな違いがあるのにびっくりするであろう。この法文と現実の乖離は程度の問題ではなく、質的な矛盾をはらんだ問題である。

このような現実をつくってきたのは歴代の自民党政府であり、自民党はこの現実にあうように憲法を改正するのを立党以来の基本方針としてきた。憲法第九条の「戦争の放棄」こそ、戦後日本にふさわしい国策であると考える者は、憲法の改正に反対し、憲法を守ることを主張している。そして、憲法第九条を守るためには、それと矛盾する自衛隊を廃止し、アメリカ軍には撤退してもらわなければならない、と考えざるをえない。

現実にあわせて憲法第九条を変えるか、憲法の条文に適合するよう現実を変えるか、「改憲」と「護憲」の対立が、日本の戦後政治を貫く、一本の太い線であった。そしてこの対立は、自民党が野党になり、細川「非自民」内閣の与党に社会党が組み込まれてしまった時点でも、けっしてなくなったわけではない。

日本国憲法は制定・施行されてほぼ半世紀になるが、「改憲」「護憲」の激しい対立を超えて、くりかえしていうが、今日まで、その法文は一字一句変っていない。しかし、日本の政治や国民生活の実態は、この半世紀の間にいちじるしく変った。憲法第九条ほど極端ではないにしても、条文の予想もしなかった実態が、国の統治の面でも、また国民生活の面にもあらわれている。憲法の条文が、こうあるべきだと規定しているのに、現実がそれとはいちじるしくかけはなれている。それが日本の憲法の現状だとしたら、私たちは、それをただだまって見ているだけではすまない。

憲法学者の多くは、日本国憲法の条文の厳格な解釈にもとづいて、それとあまりにもかけはなれたもろもろの事実を憲法違反として批判する。その事実をつくりだした政治家たちは、憲法の条文の解釈をゆるめて既成事実を合憲だと反論する。憲法学者の多くが憲法違反であるとする事実も、既成事実となって数十年もたつと、政治家たちが無理な解釈で合憲としてきた事実を世論の多数も支持するようになることがある。そうなるのには、新聞・雑誌・ラジオ・テレビなどマスコミの動向が深くかかわっている。小・中・高校における憲法教育の内容も無関係とはいえない。さらにその底には、国民の憲法に関する社会意識の動向がある。

憲法を歴史的にみる

日本国憲法の条文と、その条文にかかわる現実がいちじるしく乖離しているのが日本の憲法の特色だとすると、私たちは、乖離している一方の立場にたって他方を非難するだけでなく、条文と現実の乖離を超えるもう一段次元の高い場所から、この乖離の姿を全体として見直してみる必要があるのではないかという気がしてくる。それができる一段と次元の高い、見通しのよくきく場所を提供してくれるのは、近代憲法の世界史であり、その一部をなす日本の憲法史であると、私は考えている。憲法を短い期間に限定してみることも必要だが、長い期間を考えて、歴史的にみることがそれ以上に必要である。

2　憲法の現在と過去

一世紀を超える憲法史

現在の日本の憲法の特色である、あるべき憲法(第九条戦争の放棄)とある憲法(駐留米軍・自衛隊)のいちじるしい乖離を、一段と高い立場から客観的に観察してみようとすると、日本の憲法の過去、そしてさらにその背景になっている世界の憲法の歴史をまなぶことが必要になる、と私は考えている。

なぜか。日本の憲法の現状は戦後五〇年という日本の歴史の到達点であるが、この五〇年は、明治憲法の五六年につづく、日本の一世紀を超える憲法史の後半としてとらえるのでなければ、正確にとらえることはできない。その日本のすでに一世紀を超える憲法史が、世界の憲法史の一部であることをいやおうなく考えさせられたのが、数年前の一九八九(平成元)年のことであった。

四つの八九年

この年私たちは、樋口陽一が指摘したように(長谷川・渡辺・藤田編『市民革命と法』一二二頁)、四つの「八九年」を考えさせられた。第一のそれは、イギリスの名誉革命(一六八九)であり、第二は、フランス大革命と人権宣言(一七八九)、そして第三が、大日本帝国憲法の発布(一八八九)である。それを考える私たちは、一九八九年の日本の憲法のただなかで生活していた。

イギリス、正確にいえばイングランドで、近代的な憲法の考え方が法律になり、議会や裁判所などを動かすようになるのは、一七世紀の「憲法闘争」の時期である。国王チャールズ一世の首をはね(一六四九)、共和制を宣言するクロムウェル革命は、この「闘争」のピークである。名誉革命は、その「憲法闘争」を議会としてしめくくる大事件であった。

一八世紀の憲法

ＯＥＤは名誉革命からフランス大革命までの一〇〇年を、近代憲法の形成期としているが、名誉革命の憲法思想ともいえるジョン・ロック(一六三二―一七〇四)の諸著作のヨーロッパや北アメリカでの熱心な読まれ方は、その一つのたしかな証拠といえる。イギリスはこの一〇〇年、一八世紀に、世界ではじめて、立憲君主制、議会主権、議院内閣制の基礎を固め、個人の自由と権利を保障する手続を整備している。

一八世紀のイギリス憲法のあり方が、自らの植民地アメリカを独立させ、合衆国憲法の制定を促進したといえるし、フランスでは人権宣言を準備したといえないであろうか。権力の分立を厳格に適用した合衆国憲法、権力の分立と人権の保障を憲法に不可欠と主張したフランスの人権宣言、それらはすべて同時代の憲法である。イギリスから独立をたたかいとったアメリカは共和制となり、フランスで最初の憲法典(一七九一)は立憲君主制を採用している。

一九世紀になって、イングランドで生れ、育った憲法は、海をこえた北アメリカ、ヨーロッパ大陸に普及し、世界的な拡がりをもちはじめる。アジアの一国であり、

一九世紀の憲法

鎖国をつづけていた日本に憲法の思想が導入され、憲法典が生れ、議会が成立するのは、この世紀の後半である。日本の憲法にとって、その歴史の出発点となる一九世紀中葉の世界の憲法状況は重要な意味をもっている。しかし残念ながら、憲法史における一九世紀の重要さに注目する研究者は、日本にはあまりいない。

昭和憲法の保障する基本的人権を、自由権的基本権と社会権的基本権に分類し、前者を一八世紀的人権、後者を二〇世紀的人権とする有力な学説(我妻栄「基本的人権」一九四七)がある。思想・信教の自由や表現の自由は前者であり、労働基本権や生存権は後者になる。この分類は、同じ人権といっても、国家と個人の関係がまったく異なることを上手に説明している。しかし、

個人にたいして消極的であった国家が、なぜ積極的になるのか。そこでは、一八世紀的人権と二〇世紀的人権の中間項となる一九世紀への配慮がない。

アメリカ合衆国の軍艦四隻をひきいてペリーが浦賀にきたのは一八五三(嘉永六)年、この時から明治維新(一八六八)をへて、明治憲法が発布される一八八九(明治二二)年まで三六年の激動の歳月がながれている。この、日本の憲法がはじめて世界史にくみこまれる一九世紀に、世界の憲法はどのようであったか。幕末から明治初年にかけて海外にでかけ、アメリカ合衆国やイギリス、フランス、ドイツなどを視察した日本人は、そこにどのような憲法を発見したか。

南北戦争

アメリカ合衆国では南北戦争(一八六一—六五)がはじまり、大統領リンカーンはゲティスバーグで「人民の、人民による、人民のための政治」という有名な、民主政治の原則を訴える演説をしている。北軍の勝利によって奴隷は解放され、合衆国全土で奴隷制を廃止する憲法修正一三条が一八六五年に確定する。六八年には、合衆国の市民すべての法の下の平等、「正当な法の手続」によらない、生命、自由、財産の剝奪を禁止した修正一四条が、そして七〇年には、人種、体色などで投票権を拒否したり、制限することを禁止した修正一五条が確定している。

ヨーロッパの中心にあるフランスでは、大革命にはじまる立憲君主制憲法(一七九一)、共和制憲法(一七九三)、帝制憲法(一八〇四)というサイクルが、一九世紀になって、立憲君主制憲法

(一八一四・一八三〇)、第二共和制憲法(一八四八)、第二帝制憲法(一八五二)ともう一度くりかえされるフランスの一九世紀は、産業革命をへて、労資の階級闘争が激しくたたかわれ、労働者の権利がしだいに強くなったことで知られている。

普仏戦争　一八七〇年、普仏戦争がはじまり、ナポレオン三世はスダンで捕虜になり、第二帝制は崩壊した。勝利したドイツはヴェルサイユで統一したドイツ帝国の成立を宣言し、プロイセン中心のドイツ帝国憲法(一八七一)を発布する。

敗戦のフランスではパリを中心に、リヨン、マルセーユなど地方都市にもコミューン運動が展開され、帝制を否定する共和制の成立をたしかなものにする。しかし、「共和主義者のいない共和制」といわれるほど君主制の傾向の強かった第三共和制は、一八七五年、公権力の組織についての憲法律など基本的ないくつかの法律を制定したが、憲法典をもつことはなかった。パリ・コミューンの最中に、のちの元老西園寺公望がパリに到着したのは興味ある偶然だが、第三共和制成立当時のフランスは、敗戦と労働者階級の反乱で国内は混沌としていた。

一八八二(明治一五)年、憲法取調《とりしら》べのためヨーロッパに出かけた伊藤博文たちが、敗戦後の共和制フランス、憲法典のない立憲君主制のイギリスを素通りして、ドイツ帝国に到り、強大な権力をもつ皇帝の下に、軍事力が政治から独立して働くドイツの憲法をみて、それを日本のモデルにしようとしたのは、ごく自然の成行きである。もちろんそれが、近代日本の憲法にとって幸いであったかどうかは別問題であるが。

イギリスの一九世紀は、一八三二年の選挙法改正を境に、オールド・トーリズムといわれる停滞気味の時代から急進的なベンサム主義、個人主義の時代になり、七〇年代には、集団主義の時代に入る、と憲法学者のダイシーが言っている。イギリスの憲法を議会主権と「法の支配」という二本の柱で説明するダイシーは、一九世紀のイギリス憲法を実証的に表現していた。

憲法の排他性

一九世紀の先進国にとって、憲法は自国の、国民のためのものであり、自国の外にある植民地やそこに住む人たちのものではなかった。人権宣言を冒頭にもつフランスの一七九一年憲法が、「アジア、アフリカ、アメリカの植民地およびフランス保有地」には及ばないことを明記していたのはその典型である。人権宣言の「人間」は国内では「女性」を排除するとして批判されたが、国外では皮膚の色のちがうアジア、アフリカの諸民族を排除する植民地化が進行する。植民地には憲法は存在しないし、宗主国の憲法も適用されることはない。

日本はアジア地域で、一九世紀の後半に、憲法典をもつことのできた唯一の主権国家であった。その憲法典には、臣民の権利・自由が規定され、議会制度が認められていたが、朝鮮や台湾など、憲法発布後植民地とされた地域とその住民にはまったく関係がなかった。一九世紀の先進国は、国内では労働者階級の政治的進出に直面してこれに譲歩するが、国外では植民地の独立への要求を厳しく抑圧する。明治憲法下の日本は、国内でも労働者・農民の政治的進出を抑圧しつづけた。

一八世紀の憲法は、一九世紀に先進諸国で多様な経験をつみ、その内容に深刻な変化をうけながら二〇世紀をむかえる。一八世紀的人権に加えて、性質のいちじるしく異なる二〇世紀的人権が登場するのはその一つの具体的あらわれである。いまその最後の数年をむかえている二〇世紀は、世界の憲法にとってどのような世紀であったのか。そして、日本の憲法にとっては？　それは簡単に総括できる問題ではないが、それを考える手がかりになるような問題点なら、いくつかあげることができる。

二〇世紀の憲法

二〇世紀になると、一九世紀後半にはっきりする憲法の社会化が、いっそう具体的な形で現実化する。その典型が、ロシア革命（一九一七）の所産である「ロシア社会主義連邦ソビエト共和国憲法」（一九一八）であり、第一次世界戦争に敗れたドイツのワイマール憲法（一九一九）である。イギリスでは最初の労働党内閣（一九二四）が成立し、アメリカ合衆国ではフランクリン・ルーズヴェルトが大統領に就任（一九三三）してニューディール政策がはじまる。

世界戦争

二〇世紀の前半に、憲法の社会化を一時阻止したり、その結果逆に促進するという大きな役割を演じたのは、二度の世界戦争である。第一次世界戦争（一九一四—

一八)によって世界から専制的君主制が減り、民主的共和制が増加した。第二次世界戦争(一九三九―四五)はファシズムを打倒し、議会制民主主義の重要性を再確認する結果をもたらした。第三次世界戦争を防止するため、戦勝国を中心に国際連合 United Nations が結成される。国連憲章(一九四五)や世界人権宣言(一九四八)は、憲法の国際化をよく示している。平和と民主主義と人権が憲法の国際化のキー概念である。

二〇世紀の後半は「冷戦」の時代である。核武装を競争する超大国アメリカ合衆国とソ連、NATO北大西洋条約機構とWTOワルシャワ条約機構の軍事的対立の土台の上に世界戦争の防止が期待されるという矛盾に満ちた国際関係は、国連の平和維持機能を麻痺させせつづけた。幸い第三次世界戦争は起きなかったが、朝鮮戦争(一九五〇)から湾岸戦争(一九九一)まで、米ソの勢力の境界周辺では局地的戦争があとを絶たない。「冷戦」の時代とは、世界中場所を選ばぬ米ソの代理戦争の時代であり、平和はもちろん、民主主義や人権も、相手国を攻撃するためのイデオロギー的武器の役割を果す。

昭和憲法

昭和憲法は、二〇世紀の、世界戦争の時代が終り、「冷戦」の時代がはじまる、ちょうどその中間の時期に制定され、今日まで一回も改正されることなくつづいている。しかし、占領期以来アメリカ合衆国に従属しつづけている日本の憲法が大きく変化してきたことは、いまさらいうまでもない。戦後日本の憲法史は、憲法の諸条文が不変なまま憲法の実態が変化するということの意味を具体的に教えてくれる。そのことを、つぎの各章は憲法の諸領域にわたって叙述する。そのとき、世界の憲法史が私たちに教えてくれている憲法の理念や原則が、日本の憲法の現状評価の基準としてどのような役割を果すかが理解されるであろう。

3　戦後憲法の理念と現実

マッカーサー草案

一九四六(昭和二一)年二月一三日、占領軍総司令部GHQの代表が日本政府に手交したマッカーサー草案(本書初版附録参照)が、同年一一月三日に公布された日本国憲法の事実上の最初の草案であり、幣原内閣の要求によって若干の修正を加えた三月六日発表の確定草案が、公式には最初の草案となった。この場合にも、また、第九〇帝国議会(六月二〇日開会)で審議の対象になったときにも、個々の制度や条文についてはかなりの修正・増補がなされているが、GHQ代表のいうベーシック・プリンシプルズ(根本原則)には変化がなかった。正確にいえば、根本原則の修正は許されなかった。

日本国憲法の変えてはならないベーシック・プリンシプルズとはなにか。それを知る直接の手がかりは、第一に、マッカーサーがGHQ内部で憲法案を作成するとき、二月三日のことであるが、幕僚に示したというマッカーサー・ノートである。そして第二に、マッカーサー草案から憲法成立まで一字一句修正されなかった、前文がある。日本国憲法の根本原理を知るための最高の資料は、いうまでもなく日本国憲法の一〇三条にわたる条項そのものであるが、これについては、本文のそれぞれの章のところでのべることにする。ここではとりあえず、マッカーサー・ノートと前文についてのべておこう。

マッカーサー三原則

マッカーサー・ノートに記されていた、いわゆる「マッカーサーの三原則」の第一は、立憲君主制としての天皇制の承認である。

「1、天皇は国家の首部にある。* 皇位の継承は世襲である。天皇の義務および権能は、憲法に基いて行使され、憲法の定めるところにより、人民の基本的意思に対し責任を負う。」

第二は、自衛戦争をふくむ一切の戦争の放棄であり、軍備の禁止である。徹底した平和主義の採用といえる。

「2、国家の主権的権利としての戦争を廃棄する。日本は、国家の紛争解決のための手段としての戦争、および自己の安全を保持する手段としてのそれをも、放棄する。日本はその防衛と保護を、今や世界を動かしつつある崇高な理想に委ねる。いかなる日本陸海空軍も決して許されないし、いかなる交戦者の権利も日本軍には与えられない。」

第三は、封建制度の廃止である。

「3、日本の封建制度は廃止される。皇族を除き華族の権利は、現在生存する者一代以上におよばない。華族の授与は、爾後どのような国民的または公民的な政治権力を含むものではない。予算の型は英国の制度に倣うこととする。」

＊　原文は、Emperor is at the head of the state. である。これを「天皇は、国の元首である」とか「国の元首の地位にある」と訳す者もいる。しかしマッカーサーのいうヘッドが、明治憲法第四条で用いられている「元首」だとはとても思えない。

このマッカーサーの三原則が、そのまま日本国憲法の基本原則になっていないことはのちにのべるが、憲法案作成の指導方針になっていた事実は否定できない。

国民主権

それでは、日本国憲法の前文には、どのような憲法の根本原理がのべられているか。前文については、これまで一部を除いてあまり注目されてこなかったが、湾岸戦争以降、日本の国際貢献のあり方をめぐって急に人目を引くようになった。そのことも考えながら、改めて検討してみたい。

前文の第一段落で確認される第一の原則は、国民主権の原則であり、民主政治の原則である。

ここで、日本国民が「この憲法を確定する」とのべていることは憲法制定の歴史的事実と一致していないが、この憲法が明治憲法とはちがう民定憲法であり、国民主権の理念を採用していることを示す意味をもっている。そして、国民主権とは、「その権威は国民に由来し、その権力は国民の代表者がこれを行使し、その福利は国民がこれを享受する」、民主主義の政治である。この前文第一段落の引用文は、アメリカ合衆国大統領リンカーンが、南北戦争のとき、ゲティスバーグで行った有名な演説の一句「人民の、人民による、人民のための政治」(government of the people, by the people, for the people)を思いださせる。これが、人類普遍の原理とされる。

平和主義

前文の第二段落では、平和主義の原則がのべられている。この平和主義は抽象的な理想ではなく、当然のことではあるが、終ったばかりの戦争の悲惨な実態を再現しないための具体的な理念の表現である。

日本国民の安全と生存は、「平和を愛する諸国民の公正と信義に信頼し」、平和的手段によって達成されるべきであり、「政府の行為によつて再び戦争の惨禍が起ることのないやう」(第一段落)にしたいという。この平和を愛する国民と戦争を起しがちな政府の対比は、まことに教訓的である。そして、戦後の国際社会が、平和を維持するために、「専制と隷従、圧迫と偏狭を地上から永遠に除去しようと努め」、「全世界の国民が、ひとしく恐怖と欠乏から免かれ、平和のうちに生存する権利を有することを確認する」と、日本の国際社会でのあり方がのべられている。日本国民の平和的生存権の法的根拠を、ここにみいだす憲法学者も少なくない。

国家主権の尊重

前文の第三段落に、第三の原則としてなにをみるかは問題である。憲法の教科書には、前文の三原則として、国民主権、平和主義、そして基本的人権の尊重があげられていることが多い。しかし、第三段落には人権についての規定はない。一見不思議のようであるが、前文には平和的生存権を除いて、人権にかんする記述はない。人権の尊重が日本国憲法の原則の一つであることはいうまでもないが、前文にはなぜかそれがないのである。

第三段落は、世界戦争の原因となった国々が、自国の国益にのみ専念していたことを批判し、主権国家の責務は、すでにのべた国民主権や平和主義のような、普遍性のある「政治道徳の法則」に従うことであるとのべている。私は、「自国の主権を維持し、他国と対等関係に立たうとする各国」という文句から、これからの国際関係のあり方として、対等で独立した国家、すなわち、主権国家の対等・平等な関係の必要性を痛感する。それは、日本国憲法に先立って制定された、国連憲章の精神でもある。私はここに、第三の原則として、国家主権の尊重の原則を発見する。

普遍的な理念

右にあげた前文の三原則は、マッカーサーの三原則に必ずしも対応していない。

しかし、二つの三原則の第一にある国民主権の原則と立憲君主制としての天皇制とは憲法上両立することが要請されているし、第二の平和主義と戦争の放棄は完全に対応しているといえる。第三の国家主権の尊重と封建制度の廃止はまったく対応していない。

マッカーサーの三原則も前文の三原則も、戦争終了直後の一九四六年当時、日本の来るべき新憲法の、日本国民にとっても全世界の国民にとっても納得のいく普遍的な理念をのべたものといえる。天皇を元首とする日本の軍国主義にたいしては、国民主権＝民主主義と平和主義がいくら強調されても強調されすぎるということはなかった。そして、ポツダム宣言の条件を実施するため連合国の占領が行われているのであるから、日本が一日も早く独立して主権国家になるためには、日本からの軍国主義の一掃と民主主義化の前進が不可欠であった。反戦・反ファシズム、平和と民主主義は、戦勝国と戦敗国を問わない、戦争直後の国際的な世論でもあった。

占領政策の転換

新憲法の理念は、一九四五(昭和二〇)年から四八(昭和二三)年ごろまでは、国内でも国外でも、しだいに実現することが期待された。占領政策による軍国主義者の公職・教職からの追放、農地改革の進行による半封建的地主・小作関係の解消、財閥の解体と独占禁止法による経済の民主化、神道の国家からの分離などが、絶対主義的天皇制の崩壊を必然的なものにした。国民主権＝民主主義と平和主義を理念とする日本の憲法が現実のものとなる前提が準備されつつあった。

しかし、一九四八―五〇年を境とする占領政策の転換――「民主化」から反共軍事基地化へ――によって、崩壊した旧天皇制の残存物が生きのび、天皇制イデオロギーが各分野で温存される傾向が強くなる。

ポツダム宣言にもとづく日本の民主化は、第二次大戦に勝利した先進資本主義国アメリカとイギリス、社会主義国ソ連、そしてアジアの中国(国民党)という四カ国が共に認めるものでなければならなかった。しかし、アメリカ合衆国政府とGHQの推進した日本の民主化は、アメリカ式「民主化」であり、国際的に「冷戦」が始まり、朝鮮戦争が開始すると、占領政策は露骨に反社会主義を目指すようになる。軍国主義者の追放が、同じ方法で、共産主義者・同調者の追放になる。

占領下、完全に武装解除され、外交権も一切与えられていない日本における平和主義の理念は、敗戦がもたらしたきわめて消極的なものであった。朝鮮戦争の始まった年、連合国軍最高司令官SCAPの命令で警察予備隊が創設されると、それはアメリカ軍将校の指揮する日本人七万五千人の日本の再軍備の出発点となった。応募した失業者にとっては、平和主義の理念より宣伝された退職金の方がはるかに魅力的であった。

共産主義者の追放や警察に名を借りた再軍備が、施行された新憲法に違反することは明白であった。しかしそれは、憲法の上にある占領政策によって正当化された。憲法草案を起草した

ＧＨＱが、政治的理由さえあれば、その憲法を無視してよいことを日本国民に教えた。日本の国体(天皇制)と明治憲法に固執して、昭和憲法の民主主義と平和主義の理念に賛成しなかった人たちが、ここで大いに勇気づけられることになる。

Ⅱ　天皇と国民

1　憲法と天皇

日本には古代から天皇という制度があったが、天皇が近代的意味の憲法とかかわりをもつのは、明治維新以後のことである。

明治維新(一八六八)によって成立した天皇制は、大日本帝国憲法の発布(一八八九・明治二二年)までほぼ二〇年間、憲法とは直接かかわりのない存在であった。藩閥政府は、いかなる憲法原理にもとらわれることなく、権力を行使し、新しい国家のあり方を摸索することができた。いかなる憲法にも拘束されない天皇制は、文字どおりの専制君主制ということができる。

明治憲法の施行(一八九〇・明治二三年)により、天皇制は外見上は立憲的形式をそなえ、制限選挙による衆議院をもつ帝国議会も発足した。ここではじめて、天皇は憲法とかかわりをもつことになる。しかし、そのかかわり方は、きわめて日本的である。

二つの根本法　伊藤博文『憲法義解』(岩波文庫)という明治憲法の半官的な逐条解説書があることはよく知られている。しかし、この本が、「大日本帝国憲法義解」と「皇室典範義解」の二部から成立していることは、本を開いてみたことのある者しかわからない。そしてさらに、大日本帝国憲法と皇室典範が、日本国家の同格の二つの根本法であることを知るためには、当時の天皇についての相当な理解が必要になる。

大日本帝国憲法は国政の基本法であり、皇室典範は皇室の家法であって、対象の異なる両者は上下関係がなかった。二つの併存する基本法を橋わたしできるのは、天皇だけである。天皇は憲法の制定者であり（欽定《きんてい》憲法）、国家の元首である。また、天皇は皇室の家長として自ら皇室典範を制定した。このことは、明治憲法が現実には国政のすべてを規制するものではなく、皇室は憲法の外にあり、万世一系の天皇は憲法の上にあることを示していた。

天皇の大権　明治憲法の第一章は「天皇」であり、そこには天皇の大権が列挙されている。『憲法義解』はそれを、憲法が新設したわけでなく、「固有の国体」を確認しただけであると注意している（文庫本二二頁）。

天皇は国の元首で、統治権のすべてを掌握していた（明治憲法第四条）。帝国議会は天皇の立法権行使に協力し（第五条）、国務各大臣は天皇の行政を輔弼《ほひつ》する（第五五条）。裁判所は、天皇の名において裁判を行った（第五七条）。天皇自身は神聖不可侵（第三条）で、一切の政治的・法的責任をおわないことになっていた。

天皇は帝国議会を召集するが、いつでも衆議院の解散を命ずることができた（第七条）。議会が閉会のとき、緊急の必要があれば、法律と同じ効力をもつ緊急勅令を発することもできる（第八条）。（この緊急勅令の法形式が、占領政策に利用されて大きな役割を果すとは、だれも想像さえできない。)

天皇は陸海軍を統帥《とうすい》する大元帥であり(第一一条)、宣戦を布告し、講和を決定するのもその大権であった。明治憲法第一一条は、軍の独走を許した「統帥権の独立」の規定として知られている。

天皇は、爵位、勲章その他の栄典を授与する栄誉の源泉であり(第一五条)、恩赦を命ずる仁慈の特典をもつものとされた(第一六条)。

天皇の地位およびその権限は、明治憲法の規定によって新設されたものでなく、第一章天皇の諸規定は、「大日本帝国ハ万世一系ノ天皇之ヲ統治ス」(第一条)に代表されるように、すでに存在している国体を確認したものに過ぎないとされた。明治憲法が天皇をつくったのではなく、天皇が憲法をつくったのである。明治憲法は明示していないけれど、主権者は天皇であり、憲法の目的は「君民の分義を明劃す」(『憲法義解』一九頁)ることにあった。

右のように、明治憲法によって規定された天皇の制度は、明治、大正、昭和の三代をへて、太平洋戦争の敗戦の結果、連合国軍最高司令官SCAPの従属下におかれることになる。マッカーサーが天皇裕仁を戦犯として極東軍事法廷に起訴せず、新憲法の冒頭に天皇の制度を残す決断をしたのは、天皇の存在が占領政策の円滑な遂行にとって必要と判断されたからである。

新旧のバランス

ここで天皇制の歴史をのべている余裕はないが、明治憲法時代の天皇が、日本の政治システムの古いものと新しいもののバランスをとる支点に巧みに置かれていたことに注目せずにはいられない。

古い、伝統的な天皇家の家法である皇室典範と、新しい、西ヨーロッパ諸国をモデルとする国法である明治憲法のバランスをとるのは天皇である。そして、新しいはずの明治憲法そのものが、憲法に規定のない御前会議・元老・重臣などと規定のある帝国議会・裁判所のバランスをとりながら動いており、帝国議会はまた、貴族院と衆議院のバランスで成立していた。天皇はつねに左右にゆれる、幾重にも構成されたバランスの中心に置かれ、バランスをとる機構全体が崩壊しないための支点としての役割を果していた。役割をになわされていた、といった方が正確かもしれない。

それでは、昭和憲法の第一章が規定した天皇は、明治憲法の天皇と、どこが同じで、どこが違っているか。

明治憲法的改正

二つの憲法を比較するとき、法律家以外はあまり注意しない、明治憲法から昭和憲法への交替の法的手続に注意しておく必要がある。昭和憲法が占領下に制定されたことは周知のことであるが、昭和憲法の制定は、明治憲法第七三条の改正規定により、議案は帝国議会の審議に付され、両議院の出席議員三分の二以上の多数で議決された。このことはいまではほとんど忘れ去られているが、否定できない事実である。

この改正手続にもかかわらず、日本がポツダム宣言を受諾し、その実施のため連合国の占領が開始されたとき、同宣言の諸条件と両立しえない明治憲法の基本的規定は事実上効力を失っていた。したがって昭和憲法の制定は、憲法のない状態での新憲法の制定と考えられても不思議ではなかった。憲法学者宮沢俊義が、二つの憲法の法的連続性を否定して「八月革命」説を主張したのは実証的な態度といえる。

法的連続性

しかし、日本政府と占領軍が一致して、二つの憲法の法的連続性を維持するため、明治憲法の改正規定を利用したということは、昭和憲法の制定に一定の影響を与えずにはいなかった。その最大の影響は、明治憲法と同じように、冒頭の第一章に天皇の諸規定が置かれたということによくあらわれている。この第一章をみて、国体は護持されたと思った政治家は少なくない。

しかし、昭和憲法の第一章を厳密に読めば、明治憲法の第一章とは、同じ天皇という名称を採用していても、国の機関としてはまったく性質が異なることが理解されるはずである。ただ、それほど異なるものが、なぜ明治憲法と同じように第一章という重要な場所を与えられているのか疑問に思う者がいると同時に、第一章が天皇であるのをみて、いちじるしい規定の違いにもかかわらず、天皇の実態はそれほど変化してはいないのではないか、と思う者もいた。第一章天皇の第一条から第八条までには、そう思わせるような、あいまいな表現がいくつもある。それになにより、新しい憲法の天皇の地位についたのは、一九二六(昭和元)年以来敗戦の年まで明治憲法上の天皇であった裕仁その人であった。

それでは、昭和憲法の規定する天皇という制度は、明治憲法のそれとどのように違うのか。

新しい天皇　昭和憲法の前文は、主権が国民にあることを宣言し、主権者である日本国民が憲法を確定したとのべている。そして第一条は、天皇の地位が「主権の存する日本国民の総意に基く」としている。明治憲法の制定者であり、万世一系の地位を保持する、主権者としての天皇とはまったく違う。天皇から国民へ、主権の所在の一八〇度の転換が、天皇の地位と権能をまったく変えざるをえなかった。これを同じ天皇とよぶことに抵抗を感じるほどである。

つぎに、明治憲法と同格であった皇室典範が、その名称はそのままであるが、国会の議決した法律となり、当然憲法の下位に置かれることになっていることも大きな変化である。宮中(皇室)と府中(政府)の峻別はなくなり、すべての皇室財産は、国に属し、すべての皇室費用は予算に計上する(憲法第八八条)ことになる。法的にも、財政的にも、皇室は国政に一本化された。明治憲法当時のような皇室の特権的地位はなくなった。しかし、天皇の地位が世襲であり、皇室典範の定める順位によって継承されることだけは、明治憲法の時代と変りがない。

天皇は、日本国および日本国民統合の象徴とされる（憲法第一条）。そして、この象徴としての天皇は、憲法第六条と第七条に列挙される十二の国事行為のみを行い、国政に関する権能は一切認められない（第四条）。国政ではない十二の国事行為を行う天皇こそが昭和憲法上の天皇であり、日本国および日本国民統合の象徴という機能を果すことができる。

象徴としての天皇

明治憲法では天皇に公私の区別はなかった。一般に現人神《あらひとがみ》とあがめられた天皇に私生活があるはずはなかった。神や仏に私生活があるはずはない。しかし、昭和憲法は天皇から国政に関する権能を奪い、憲法の定める国事行為のみを行うようにきびしく規定したため、かなり広い範囲で天皇にも私的な立場が認められることになる。国家機関の地位につく者はだれでも、法律で規制される公的立場と規制されない私的な立場をもっている。天皇も憲法の規定した国家機関の一つである以上、憲法の定める地位にあり、権能をもつ天皇と、そうでない天皇、言葉を変えていえば、公的天皇と私的天皇を明確に区別することができるようになった。それを明確に区別しなければ説明できないのが昭和憲法上の天皇である。

天皇の公私

国事行為を行う天皇、たとえば、国会の指名に基いて、内閣総理大臣を任命する天皇は、憲法上の公的天皇であり、両国の国技館で相撲見物に興じている天皇は、憲法外の私的天皇である。私は、憲法が象徴機能を認めたのは公的天皇についてであり、私的天皇にたいしてではないと理解しているが、公私の区別のなかった明治憲法当時の天皇観からは、この区別がよく理解できないようである。

憲法上の、公的天皇が行う国事行為についても、明治憲法との類似性が認められることがある。昭和の初期、天皇裕仁は元老西園寺公望の推薦をうけて、内閣総理大臣を任命していた。現在は、「国会の指名に基いて、内閣総理大臣を任命する」(第六条第一項)。天皇が任命するという形式はよく似ているが、説明するまでもなく、任命の実質はまったく別である。元老西園寺の推薦は政治的慣行にすぎず、天皇の任命が実質的意味をもっていたのにくらべ、国会の指名は憲法規範そのものであり、天皇の任命は完全な形式にすぎない。

国事行為

天皇の国事行為はすべて、「内閣の助言と承認を必要とし、内閣が、その責任を負ふ」(第三条)。はじめから国政になることを禁止されている国事行為が、内閣の助言と承認によって、いっそう形式的・儀礼的な行為になる。しかしそれでも、責任の問題が生じることが予想されているのであるから、天皇の国事行為が、まったく政治性のない、形式的なものとはなりにくいことも考えておく必要がある。

第七条の一号から十号までをみると、法律、政令の「公布」(一号)、総選挙の施行の「公示」(四号)、大使・公使の信任状の「認証」(五号)、恩赦の「認証」(六号)など、すでに決定された国家意思を確認したり、広く知らせる形式的行為であることがはっきりしているものがあると同時に、国会を召集する(二号)とか衆議院を解散する(三号)、というように、天皇自身にそうする実質的権能があるかのような表現のものもある。栄典の「授与」(七号)や外国の大使・公使の「接受」(九号)、それに「儀式を行ふこと」(十号)などには、形式的にも実質的にもとれるあいまいさがある。

国会の召集、衆議院の解散を「公示する」としないで、なぜ「召集する」とか「解散する」、としたのか。私には昭和憲法制定当時の、「国体護持」派の思いがそこにこめられているような気がしてならない。

国事行為の表現のいかんにかかわらず、そのすべてに内閣の助言と承認が必要であるから、結局は形式的・儀礼的なものにならざるをえない、と考えることもできる。しかし、表現の違いが、異なる法的効果を生むこともあることを見逃してはならない。内閣に「国体護持」的な傾向が少しでもあれば、なおさらである。

天皇が内閣総理大臣を任命する、あるいは、最高裁判所の長官を任命する(第六条)、と規定しても、実質的な決定権をもつのは、国会であり、内閣であることが憲法に明記されているから問題はない。たとい明記されていなくても、栄典の授与のように、国事行為の性質が行政であれば、行政権の最高機関としての内閣が実質的な決定権者であるとすることができる。

衆議院の解散

しかし、衆議院の解散のように、行政行為ではなく、特定の場合にのみ内閣が決定できても、それ以外の場合には明文の規定がない(第六九条)と、解散の決定権者はだれか、判断がむずかしくなる。実質的決定権者は、明文の規定がない場合には、天皇の国事行為の助言・承認者である内閣である、と推論するのは、厳格にいえば、助言・承認者としての内閣(第三条)と行政権の最高機関としての内閣(第六五条)を混同する解釈である。重要な国家の行為が、明確な法的根拠なしに内閣に帰属する傾向があるのは「内閣政治」の問題であるが、この点はⅣの2(一〇八頁)でくわしくあつかうことにする。

明治維新にはじまり、第二次世界戦争の敗北によって終った天皇制は、すでにのべたように、最初の二〇年間、憲法典をもたず、一八八九(明治二二)年になってようやく大日本帝国憲法を発布したが、この憲法典は天皇のすべてを規制するものではなかった。皇室は憲法の対象ではなかった。したがって、その家長としての天皇は憲法の対象ではない。そして、国家元首としての天皇については、第一章の諸規定はあっても、それが天皇の地位や権能のすべてを法的に規制するものとは考えられなかった。

「天皇ハ国ノ元首ニシテ統治権ヲ総攬シ此ノ憲法ノ条規ニ依リ之ヲ行フ」(明治憲法第四条)といっても、憲法の条規にはない御前会議を開いて宣戦を決定したり、講和を決定したことは、いまでは周知の事実である。それでも、天皇の行為が憲法に違反するとは考えられなかった。

天皇裕仁は明治憲法を尊重するという意思を時に当って表明しているが、それによって法的に規制される「立憲君主」になるわけではなかった。それにもかかわらず、明治憲法第一章の諸規定と現実の天皇の行動が、どこまで対応しているか、乖離しているか、というような問題意識はだれにもなかった。

昭和憲法は天皇がつくった欽定憲法ではなく、天皇といえども規制の例外にはなりえない。したがってここでは、第一章の諸規定のえがきだす天皇と現実に行動する天皇がどこまで対応しているか、それとも乖離しているかがつねに問題とならざるをえない。明治憲法当時でもとりあげられるべきであった問題が、昭和憲法になってようやく正面からとりあげられるようになった。この変化は、日本の憲法にとって大きな意味をもっている。

2　象徴としての天皇

憲法の条文によって規範化されている天皇と、現実に社会的機能を果している天皇との対応関係を問題にしようとすれば、まず天皇に関する昭和憲法の諸条文をたしかめておく必要がある。前節にのべてきたのがそれである。私たちは、それを基準にして現実の天皇を検討しようとするのであるが、ここでも誤解を招かないよう、憲法の条文というものの性質について少し説明しておきたい。

憲法の規範

憲法第一条は、天皇の地位は、「日本国民の総意に基く」と規定している。この規定は、憲法制定当時、日本国民のすべてが、天皇という制度の存続に賛成していた事実を示しているわけではない。そのことは、当時、天皇制に反対して人民共和国の樹立を主張する日本共産党があり、天皇制廃止に賛成する少数だが世論があったことからも明白である。それになにより、この憲法の制定にあたって、「日本国民」はまだ法的に存在していない。占領と同時に廃止されたわけではない明治憲法の下にいたのは「臣民」Subject であり、占領軍はポツダム宣言にもとづいて、それを日本人民 Japanese People とよんだ。日本国憲法が施行されて、はじめて「日本国民」が誕生した。憲法が国民をつくったのであって、国民が憲法を確定したわけでも、天皇の地位を創設したわけでもない。それが敗戦後の歴史的事実である。新憲法が、明治憲法の改正手続によって誕生したという事実を、ここでもう一度思い出す必要がある。

憲法典とは、憲法の諸規範を文章化した条文のまとまりである。憲法の規範とは、国家の基本組織や主要機関の地位や権限のあるべき姿を示すものである。第一章以下の天皇に関する諸条文は、現実に機能している天皇を記述したものではなく、これからの天皇のあるべき姿をのべたものである。先にのべた、天皇の地位が「日本国民の総意に基く」という規定は、天皇の地位が万世一系の神話にではなく、国民主権にもとづかなければならないという、天皇の新しいあるべき姿をえがきだしたものである。したがって、現実の天皇が、憲法の要求する国民主権に矛盾した行動をとっていないかどうかは、条文にかかわりなく実証的に検討しなければならない。

天皇の個性

明治維新以降、私たちは、明治憲法の時代に明治、大正、昭和と三代の天皇をもち、昭和憲法になって、昭和、平成と二代の天皇を経験している。その天皇の地位につく人間の個性の違いが、それぞれの時代の違いと重なりあって、天皇という制度の具体的印象を非常に異なったものにしていることは否定できない。

天皇とは、「明治生れの人々にとっては敬愛、大正生れのものにとっては恐怖、昭和生れのものにとっては(おそらく)無関心……あるいはさらに反発組がつづくにちがいない」(日高六郎「天皇制と世代」一九五二)という、世代論的天皇観が五〇年代に流行した。私自身は大正生れであるが大正の終りに近いから、世代的には「無関心」あるいは「反発組」に入るのかなと納得しながら日高の文章を読んだ記憶がある。ちなみに私の両親は明治生れ、地位も財産もない平凡な庶民であったが、天皇と皇族にたいしては「敬愛」の念をもち、神棚の横には、皇居を背景にした天皇・皇后の顔写真がかざられていた。

天皇睦仁のイメージと日清・日露戦争の勝利、天皇裕仁のイメージと二・二六事件、太平洋戦争の敗北はぴったり重なる。それは天皇が統治の大権を一手に掌握していた明治憲法時代の話である。国政に関する権能を否定された昭和憲法下の現在、ソ連の崩壊とか五五年体制の崩壊と天皇明仁のイメージが重なりあうことはない。その前半生は明治憲法の、そして後半生は昭和憲法の天皇の地位につくという天皇裕仁にたいしては、国民は複雑な感情をもたざるをえなかったが、戦後育ちの天皇明仁にたいしては、国民の多くはあまり政治的関心をいだかないし、したがって反発も感じてはいないようである。

しかし、天皇にたいする政治的無関心は、天皇および皇族にたいする国民の一般的無関心を意味するわけではない。昭和天皇の病気と死をめぐる約半年にわたる異常な出来事は別格として、天皇・皇后の日常や皇太子の結婚などにたいするマスコミの過剰な報道ぶりは、国民のどのような天皇観に訴えようとしているのか、正直いって理解に苦しむところがある。現在なお国民の天皇にたいする関心は、その性質はともかく、決して低いとはいえない。

さて、現在、天皇明仁は、昭和憲法が認めた権能をどのように行使し、憲法上の地位をどのような姿で維持しようとしているのか。いくつかの具体例をあげて検討してみよう。

外交上の天皇

外交問題からみていこう。天皇の国事行為の一つに、「外国の大使及び公使を接受すること」(第七条九号)がある。外国の大使・公使は日本に赴任する場合、天皇明仁宛の信任状を持参し、天皇がそれを受理することにより、駐日大使・公使の外交特権が発生する。これが占領終了当時の、吉田内閣以来の外交慣例となってつづいている。はっきりいえば、占領終了当時の吉田内閣がつくった慣例である。

ここでは、天皇の「接受」は完全に儀礼的な行為ではなく、外交特権発生の要件となっている。国政にわたる外交権を否定されたはずの天皇が元首なみに信任状の名宛人になっていたり、それをそのまま天皇が受理しているのは、憲法の規範からはかなりはずれている。

外交についてさらにいえば、戦後何回も行われた天皇の外国旅行が、その選ぶ時と相手国によって政治的意味をもつことが避けられないうえ、外国の元首(大統領・君主)との会談がマスコミによって「元首会談」として報道されることがあるのも問題である。たとえば、一九七一年八月、裕仁は皇室史上はじめてという天皇としての外国訪問を行い、ヨーロッパへの途中、アンカレッジでニクソン大統領と会ったときのことである。最近では、皇太子の結婚相手が外国語のできる現職の外交官であったことから、「皇室外交」の将来を期待する声があがったりする。その場合、昭和憲法上の天皇には外交権は一切認められず、天皇は国を代表する元首ではないことについて学説は一致していることが、一般には忘れられがちである。まして皇太子は国の代表でもなければ象徴でさえないことが、どれだけ考慮されていることか。

国内政治と天皇

国内問題ではどうか。昭和天皇は敗戦直後から日本国内をひんぱんに旅行し、行かないのは沖縄くらいであった。現天皇も、国体、植樹祭など記念行事の機会に全国地方を旅行している。天皇の外国旅行も国内旅行も、憲法の定める十二の国事行為に入っていない。憲法第四条は、天皇が行えるのは「この憲法の定める国事に関する行為のみ」と意識的に限定しているから、憲法論としては、天皇の外国旅行や国内旅行は国事行為ではない、まったくの私的行為だということになる。

しかし、歴代自民党内閣の天皇の旅行についてのあつかいは、警備から経費の支出まですべて国事行為なみである。憲法に規定のない「準国事行為」であるとか「公的行為」であるとして、政府の政策を支持する学説もないわけではない。天皇のいかなる行為が国事行為に準ずるか、憲法、法律に客観的な規定はないから、時の政府の政策次第でどのようにでも拡大する可能性がある。このせっかく昭和憲法で質量ともに限定した国事行為を政治的に拡大することは、明治憲法当時の天皇への回帰現象であると同時に、政治的実体のない昭和憲法の象徴天皇制に、できるかぎり広範な社会的基礎を与えようとする保守党内閣の新しい政策にもなっている。

国内政治に関連して、新旧二つの事例をさらに紹介しておきたい。一つは、憲法施行後例外なしに行われている、国会の開会式での天皇の「お言葉」についてであり、もう一つは、昭和天皇の死と新天皇の即位に当って生じた憲法問題である。

「お言葉」問題

国会が召集され、開会式が行われると、天皇は参議院(旧貴族院)の特別席(旧玉座)につき、「お言葉」(旧勅語)をたまわることが例になっている。この天皇の行為は国事行為とされてきた。これは天皇が国会を召集する（第七条二号）という規定にもとづく国事行為ではなく、国会から招待されて出席する天皇の挨拶が「お言葉」であり、それは憲法に規定はないが、政府によって国事行為としてあつかわれてきた。

貴族院の玉座についた天皇裕仁が勅語をたまわるという明治憲法当時と、事実としてはまったく同じ行為——同一人物の、同じ場所での発言——が、昭和憲法の規定の外で行われ、それを正当化する根拠もなしに、国事行為となってしまった。この「お言葉」が問題なのは、その内容もさることながら、天皇の憲法外の行為が国事行為となる先例となってきた点である。新憲法施行当時の、「国体護持」派は、明治憲法・昭和憲法をつうじて、天皇が行っている同一の行為を、同一であるがゆえに、公的な、国事行為と認めるのになんの抵抗も感じなかったであろう。しかし、明治憲法当時の天皇の行為が、そのまま同一人物によって新憲法下にもちこまれるだけでなく、憲法の規定の外で国事行為になるのは、二重に憲法に違反すると思うのだが、日本共産党の国会議員以外はなに一つこのことについて文句をいわない。

天皇および皇族については、昭和憲法に明文の規定がない場合、従来の慣例があれば、それがそのまま現在でも通用するという姿勢を政府はとっているようである。天皇の交替時にあらわれた国事行為の拡大には、竹下内閣の右の姿勢が色こくあらわれていた。時期的には新しいが、内容はきわめて古い第二の例である。

天皇は、国事行為として、「国民のために」「儀式を行ふこと」(第七条十号)ができる。この儀式は、「国民のために」行うのであるから、天皇および天皇家の私的な儀式であってはならないことは明白である。

天皇の儀式

皇位の継承にさいして、天皇の国事行為にふさわしい儀式を考えてみると、憲法第二条は「世襲」を認め、皇室典範の定めによるとしているから、新天皇の即位の礼(皇室典範第二四条)がそれに該当すると考えてもそう不自然ではない。また、新天皇の即位は、天皇が「崩じたとき」(皇室典範第四条)しか認められていないから、皇室典範に根拠のある大喪の礼(同第二五条)も国事行為とすることができるかもしれない。しかし、憲法にも皇室典範にも規定のない、皇位継承にかかわる皇室の儀式が、それが宗教色の強いものまで、私的なものから公的なものへ、そして国事行為にまで昇格するのは法的に無理が生じやすい。

昭和天皇の死の当日(一九八九年一月七日)、新天皇の「皇位継承の儀式」として、賢所の儀、皇霊殿神殿に奉告の儀、剣璽等承継の儀が行われたが、剣璽等承継の儀だけが国事行為とされた。死後三日目に行われた天皇明仁の即位後朝見の儀も国事行為とされた。これら一連の儀式は、旧皇室典範・登極令によれば「践祚の式」そのものであり、その中の一部だけが法令の根拠もなしに政府の判断で国事行為とされたのである。

昭和天皇の、皇室神道儀式として行う葬儀を、国事行為としての大喪の礼とするためには、政教分離を規定した憲法第二〇条第三項に違反しないため細かい配慮をしなければならなかった。しかし、違憲の疑いが一掃されるほど十分な配慮がなされていたとは思えない。このことは、改めて行われた新天皇の即位の礼の場合にも同じように、旧慣行にもとづく一連の儀式の中でなにが国事行為となるかが問題になった。とくに旧皇室典範では、即位の礼とともに行われることになっていた、神道儀式そのものである大嘗祭のあつかいがむずかしかったようである。政府はさすがに大嘗祭を国事行為にすることはしなかったが、重要な伝統的皇位継承儀式として公的性格を認め、宮廷費の支出を決定している。

右にみてきたように、天皇の国事行為は機会あるごとに拡大しつづけ、世襲の国家機関である天皇という制度が、国民主権にもとづく国家機関の例外であることが無視されている。例外は厳格に解釈しなければいけない、というのが法律をまなぶものの常識であるのに。天皇主権下の皇室の慣行が、国民主権下の憲法規範に浸透すればするほど、昭和憲法上の天皇と現実の天皇は乖離の幅を大きくする一方である。

天皇の象徴性

天皇が果すべき社会的機能としての象徴の意味も、天皇の国事行為の拡大やそれを支える国民の社会意識の動向に応じて変化せざるをえない。

天皇が、「日本国の象徴であり日本国民統合の象徴」(第一条)であるという規定は、昭和憲法上の天皇のあるべき姿を示している。だれでも天皇をみると日本国や日本国民の統合を連想するという事実をのべているわけではない。それは、天皇の地位の土台とされる「総意」についてもいえることである。昭和憲法は、天皇が日本国および日本国民統合の象徴であるという理念にもとづいて、天皇に関する諸規定や皇室典範・皇室経済法などの法律をつくるべきだとしているのである。

それでは、象徴とはいかなる意味か。明治憲法当時、日清・日露両戦争に勝利した大日本帝国の元首である天皇睦仁が、帝国および臣民統合の象徴として国の内外で認められていたことは事実である。明治天皇の象徴性は、その一手に掌握した統治権によって裏打ちされ、不可侵の神聖さによって光輝あるものとされていた。この象徴性は、病気がちの大正天皇にはあまりふさわしいものではなかったし、昭和天皇になると、一五年戦争の時代には大いにその神性が鼓吹されたが、敗戦がそれにとどめをさした。もちろん、敗戦の象徴として天皇裕仁をみる者もいたが、それは明治憲法上の天皇が事実上もっていた象徴性と同じではない。

昭和憲法下の天皇の象徴性は、明治天皇のそれとちがって、国政に関する権能を一切否定されたところに成立している。また、昭和天皇の「人間宣言」(一九四六・昭和二一年一月一日)が示すように、天皇を現御神《あきつみかみ》とする架空の観念によるものではない。そのうえそれは、天皇の地位を基礎づけている国民主権と矛盾するようなものであってはならなかった。

日本国には、憲法上象徴としての天皇が存在するが、現代日本を象徴天皇制とよべるほど、天皇は重要な地位をしめているであろうか。昭和天皇と自民党内閣の下で、憲法規範から乖離することの激しかった天皇という制度の運用は、昭和天皇の死を境として乖離の性質を大きく変えつつある。国民の間に拡がる政治的無関心は、天皇および皇族を政治的に、そして憲法的にみることを、過去の、時代おくれの見方としている。

マスコミと皇室

このような政治的無関心の裏側には、毎日のテレビが茶の間に伝える皇室への、スター願望的関心のたかまりとひろがりがある。また、最近の週刊誌の皇后美智子についての報道は、世界的に喧伝《けんでん》されたイギリス王室のダイアナ皇太子妃のスキャンダル報道によく似ている。このような天皇および皇族へのマスコミのつくりだす関心が、憲法上の天皇にどのような影響を与えるかは、天皇制だけでなく、君主制一般がもつこれからの問題であろう。

3　天皇制と君主制

明治維新(一八六八)を境として、日本の天皇制は諸外国の君主制と接触し、天皇制の君主制化がはじまる。そのとき、先進国の君主制はすでに専制君主制の段階をへて立憲君主制となっており、フランスのように共和制を定着させつつある国もあった。明治初年の政治家たちは、イギリスの議会主義的君主制、フランスの第二帝制、ベルギーの立憲君主制、ドイツの外見的立憲君主制などをつぶさに検討しながら日本独特の君主制をつくりあげた。

絶対主義天皇制

社会科学者、とくにマルクス主義の歴史家が天皇制とよんできたのは、明治憲法の制定によって確立した近代日本の絶対主義的支配体制である。一九三二年、コミンテルン（第三インターナショナル、一九一九—四三）がだした「日本の情勢と日本共産党の任務に関するテーゼ」は、日本の支配体制の第一の主要構成部分として天皇制をあげ、つぎのようにのべた。

「一八六八年以後に日本に成立した絶対君主制は、それの政策には幾多の変化があったにもかかわらず、絶対的権力を掌中にたもち、勤労階級に対する抑圧と専横支配とのための、その官僚機構を不断に完成してきた。日本の天皇制は一方主としては地主なる寄生的・封建的階級に依拠し、他方には又急速に富みつつある貪欲なブルジョアジーに依拠して、これらの階級の上部と極めて緊密な永続的ブロックを結び可成《かなり》の柔軟性をもって両階級の利益を代表しながら、同時に又その独自の、相対的に大いなる役割と、わずかに似而非立憲的形態で軽く覆われているに過ぎぬ、その絶対主義的性質を保持している。」

このテーゼによれば、天皇は官僚機構の頂点にあり、天皇制は封建的寄生地主と大ブルジョアの利益を代弁すると同時に、独自の役割を果していた。皇室典範と帝国憲法が共存し、憲法内では前近代的制度（御前会議・元老・重臣）と近代的制度（議会・裁判所）が共存し、帝国議会は貴族院と衆議院から成立していたという封建的なものとブルジョア的なものの二重性は、天皇制の絶対主義的性質のあらわれであった。

社会科学者のいうこの天皇制は、ポツダム宣言（米英ソ中四国宣言）にもとづく占領の下で崩壊した。農村を支配した寄生地主制は農地改革によって崩壊した。農民は小作人から自作農になり、農村の民主化が進む。都市では、財閥という形の大独占資本が解体され、天皇制の経済的基礎は掘りくずされた。それだけでなく、事実上日本の国教とされた神道が国家から分離され、天皇と神道のかかわりは私的なものとなる。のこされた問題は、天皇制を構成していた諸要素である、天皇、皇族、華族、官僚、軍人たちの行方である。

昭和憲法の下で、占領軍によって戦争責任を免除された天皇は温存されて、日本国の象徴となり、一定の国事行為を行う権能が認められる。「法の下の平等」（第一四条）に反する華族は廃止され、貴族院は存続が不可能になるが、皇族はのこり、その家法である皇室典範は法律として新憲法下に再生する。戦争の放棄によって軍人は消滅するが、官僚は生きのこり、新しい役割分担を認められて再生する。天皇制官僚の中核であった内務官僚は、内務省の廃止にもかかわらず、自治省・警察庁・文部省などに生きのこるが、官僚の中心は大蔵省・通産省など経済官僚に移行する。

象徴天皇制

現在象徴天皇制とよばれるものは、昭和憲法に温存された天皇の地位と役割を指摘するものであって、近代日本の支配体制を総称した天皇制でないことはいうまでもない。ただ、現在の天皇は旧天皇制の主要な残存物であり、同じ残存物である皇族、姿態転換をした官僚に支えられているため、明治憲法時代の古い天皇制イデオロギーを色こくひきずっていることに注目しなければならない。

象徴天皇制とは、日本の支配体制の総体を特色づけたものではなく、天皇という制度の昭和憲法下での機能を特色づけたものにすぎない。そこで注目されるのは、天皇という制度が果すイデオロギー的機能である。天皇裕仁には、絶対主義的天皇制に特有のイデオロギーが色こくつきまとっていたが、新天皇明仁に交替することにより、象徴天皇制になってから生れた新しいイデオロギーの方がしだいに強くなっている。

昭和天皇と自民党内閣の下では、中曽根内閣(一九八二—八七)がその代表といってもよいが、首相や閣僚の靖国神社や伊勢大神宮への公式参拝は当然のこととされた。そこには、神道を国教とする天皇制イデオロギーや、たとい戦争犯罪人であろうと国のために死んだ人物は神として祀るという軍国主義・国家主義の精神が強く働いている。しかし、そのことへの国民の疑問は、アジア諸国からの批判もあって、年々強くなっている。新しい天皇と「非自民」の細川内閣の下では、個々の閣僚の個人的良心の問題に変化しつつあるようだが、さらにどう展開するか目下のところはっきりしない。

大衆天皇制

昭和天皇の生前から、皇太子明仁と正田美智子の結婚をきっかけに、マスコミはめったにない天皇の公式行事よりも皇太子夫妻や皇族の日常生活を追いかけることが多くなった。このようにして象徴天皇制はまた大衆天皇制ともよばれた。旧慣行に固執する自民党内閣下の宮内庁は、天皇制の大衆化を妨げるものとして、その皇室報道への統制ぶりがしばしば批判の対象となっている。そして、新天皇になってからの、皇太子の結婚をめぐるマスコミの報道ぶりは、主たる媒体が新聞・雑誌という活字からテレビという映像に変ったこともあって、いっそうの大衆化が進んでいる。

テレビがうつしだす天皇家は、現天皇と皇太子、親子二代にわたって、恋愛結婚によって成立した、自由で豊かな、どこまでも幸福な家庭である。国民には手の届かない、夢のような、理想の家庭である。国民の欲望が多様化した結果、あこがれの対象であるスターのあり方も、年齢、性別、職業などに応じて多様化せざるをえない現代社会で、国民すべてのスターとして報道されているのが皇室のメンバーである。マスコミはそのようなものとして天皇、皇太子の報道を行う。象徴天皇制が大衆天皇制になるのは、そのようにしてである。国民は天皇を、神としてではなく、また、日本国や日本国民統合の象徴としてでもなく、各界のスター以上の、スーパースターとして、特別の人間として、みるようになる。

ここで、天皇の過去と現在、そして未来を考えるために、改めて世界史における君主制の大きな流れに注目してみたい。天皇制が外国の君主制と接触するようになった一九世紀の後半から今日まで、ゆうに一世紀を超える歴史の流れの中で、君主制はどのように変化したか。

君主制の減少

最大の変化は、君主制国家の激減であろう。日本が鎖国政策をとれなくなった幕末の頃、世界で君主国でないのは、アメリカ合衆国とスイスくらいのものであった。ところが二〇世紀になると、二度の世界戦争をきっかけにして、ロシア、オーストリア、ドイツとヨーロッパの伝統ある大国の君主制が崩壊しただけでなく、バルカンから君主制が一掃されてしまう。

第二次大戦後、植民地から独立したアジア、アフリカの新興国は、アラブ地域を除いて、君主制をとるところはない。イギリスから独立したインド共和国(一九四七)はイギリスの王冠を拒否しただけでなく、自国内にあった五〇〇以上の小君主国を廃止、統合している。現在、国連に加盟している主権国家は一八〇余であるが、君主制をとる国は三〇にはならない。他のすべては共和制である。日本の天皇制は、世界がほとんど君主国であった時代にヨーロッパの君主制にまなび、世界からほとんど君主制がなくなった時代に、新しい天皇の制度を残そうとしているのである。

第二の変化といえば、君主制そのものの形態変化であろう。

立憲君主制

近代的憲法の歴史は、一般に専制君主制との闘いで始まる。イギリスの一七世紀、OEDは近代的憲法の歴史を名誉革命（一六八九）に始まるとしているが、名誉革命はクロムウェル革命（一六四九）を頂点とする一七世紀の「憲法闘争」の到達点であった。この国王と議会の対抗を基軸とする「憲法闘争」の発端となったのが、スチュアート王朝のジェームズ一世であった。この国王は、王権は神から授かったものと主張したことで知られている。

一八世紀のフランス大革命（一七八九）は、「朕は国家なり」の言葉で有名なルイ一四世を頂点とするルイ王朝の専制支配に対抗して始まった。イギリスでは国王と議会の対立が「憲法闘争」となったが、フランスでは三身分会議《エタ・ジェネロー》はまったく召集されず、一七五年ぶりに召集された三身分会議が第三身分（市民）のイニシャチブで一院制の国民議会になることにより、ルイ一六世の専制支配に終止符を打つ大革命が始まった。イギリスでもフランスでも、封建社会の最後を飾る絶対主義が、市民革命によって崩壊する。絶対君主から立憲君主へというのが、近代的君主制の最初の形態変化である。

さらに一〇〇年おくれて、普仏戦争に勝利したドイツは、ドイツ帝国憲法（一八七一）を制定して、プロイセン中心の統一帝国を形成する。その元首であるドイツ皇帝はプロイセンの国王であり、ここにビスマルクの指導する独特の立憲君主制が登場する。プロイセンの一八五〇年憲法は、明治憲法がもっとも強い影響をうけた憲法だといわれている。

絶対王制から立憲君主制への転換のきっかけとなるのは、イギリスでもフランスでも市民革命である。しかし、市民革命が流産するドイツ(一八四八年三月革命)では、現実には専制君主でありながら、外見だけは立憲君主を元首とする外見的立憲君主制ともいうべき憲法があらわれる。プロイセン憲法はまさにそのようなものであり、君権中心の諸制度は明治憲法の天皇の大権のモデルとなっている。

主権原理の転換

絶対君主制と立憲君主制の決定的なちがいは、なによりも、君主主権と国民主権という主権原理のちがいにあらわれる。イギリスでは、主権は法的には議会、政治的には人民にある、とダイシーはいう。議会は君主・貴族院・衆議院から成るが、君主は議会にとりこまれている。フランス大革命直後の一七九一年憲法では、ルイ一六世はフランス国の国王ではなく、フランス人の国王となった。主権はすでに人権宣言により、国民 Nation にあるとされている。

一九世紀のうちにほぼ明確になった立憲君主制は、さらにそこから、どのような方向にすすんでいくのか。そのもっとも大きな流れが、二〇世紀になっての、君主制から共和制への転換、君主制崩壊の傾向であることは、すでに何回かふれた。いったん崩壊した君主制が復古するという実例(イギリスの一六六〇年の王制復古)が歴史上ないわけではないが、現代ではそれはごく例外的である。したがって、現在世界にのこっている君主制は特別な理由があって続いていると考えないわけにはいかない。その「特別な理由」をつくっているのは、その国の歴史と国民の社会意識のあり方である。

立憲君主制は、専制君主の権限を憲法で制限する過程に生れた支配体制であり、君主の権限がゼロになれば、それは共和制になる。昭和憲法の天皇には、一切の政治的権能が認められない。したがって、天皇を、国を内外に代表する元首とする学説は存在しない。ごく少数説であるが、日本は、天皇という国家機関をもつ共和制であるという学者がいても少しも不思議ではない。

立憲君主制は、専制君主制から共和制へという国家体制の移行の歴史の、過渡期の産物である。そして過渡期の産物らしく、非合理的伝統に支えられた君主制と合理的・体系的に構成される憲法の矛盾に満ちた合成物となっている。したがって、矛盾のどの側面が強くなるかによって、立憲君主制全体の様相は大きく変化せずにはいない。二〇世紀を終ろうとしている現在、君主制の世界史的流れの中で、昭和憲法の天皇制が、果して生きのこることができるか。のこれるとすればその条件はなにか。消滅するとすれば、その歴史過程はどのように展開するか。それは、日本国民の憲法意識にかかわる、二一世紀の日本の、一つの憲法問題である。

4　国民と人民

ピープルとソヴリン・ウィル

マッカーサー憲法草案第一条は、閣議配布案によれば、皇帝は、「其ノ地位ヲ人民ノ主権的意思ヨリ承ケ之ヲ他ノ如何ナル源泉ヨリモ承ケス」と正確に翻訳されている。the sovereign will of the people という英文が、そのまま「人民ノ主権的意思」となっていた。ところが、幣原内閣が三月六日に発表した憲法改正草案要綱では、「第一　天皇ハ日本国民至高ノ総意ニ基キ日本国及其ノ国民統合ノ象徴タルベキコト」となり、四月一七日発表の口語《こうご》案では、天皇の地位は、「日本国民の至高の総意に基く」となった。これが第九〇帝国議会で審議の対象になった最終の草案である。

ここでは、英語のピープルがはじめ日本語の人民になり、つぎに国民になっていること、ソヴリン・ウィルが主権的意思から至高の総意に訳し変えられていることが注目される。このピープルはマッカーサー草案の時から、成立した憲法の英訳文まで、英語としては一度も変っていない。終始ピープルである。ソヴリン・ウィルの方は、「日本国民の至高の総意」が議会の審議で表現のあいまいさが批判され、「主権の存する日本国民の総意」と修正されたため、英訳では、the will of the people with whom risides sovereign power と、ピープルに主権 sover-

eign power があることが明確になっている。
ここには、主権論をめぐるＧＨＱと日本政府の半ば意図的な、半ば自覚されないずれがあり、そのキーワードになっているのが、日本語の国民である。ここにあるずれの意味について説明しよう。

主権の二側面

主権には対外的と対内的、二つの側面がある。対外的には国家の独立を意味し、憲法前文で「自国の主権を維持し、他国と対等関係に立たう」という場合の主権がそれに当る。この主権は通常国家主権とよばれ、主として国際法学の研究対象であるが、占領から日米安保体制へとつづく日本では、当然憲法学の研究対象とならざるをえない。この点はⅢの2で改めて検討することになろう。

君主主権

対内的には、国家権力のすべてを最終的にだれがもつか、権力行使の正当性の根拠をどこに求めるか、が主権の問題である。主権を定義づけた最初の学者とされるジャン・ボダン（一五三〇―九六）は、フランスの絶対主義成立期の学者らしく、アンリ四世の支配（一五八九―一六一〇）を正当化する君主主権を展開した。ピレネ山脈のふもとにあるナヴァールの領主でユーグノー（新教徒）であるアンリが、カトリックの領主勢力を制圧して国王となり、カトリックに改宗して聖職者の人事権をにぎり、ローマ法王の支配からも独立する波瀾万丈の物語は、国家における主権者のあり方を典型的な形でしめしている。

人民主権　この君主主権に対抗するのが人民主権である。クロムウェルの軍隊を民主的なものにするのに積極的な役割を果した平等派の文書には、きわめて具体的な人民主権の主張がある。

「すべての権力は根源的、本質的にこの国の人民の全体 the whole body of the people of this nation のうちに存し、また人民の代表による自由な選択あるいは同意こそがすべての正しい統治の唯一の起源または源泉であり、そしてすべての正しい統治者の選出の理由および目的は、人民がかれらによって安全と福祉がたもたれると考えることなのであるから、人民の代表者、すなわち議会に結集した平民 commons こそが至上の権力 the supreme power をもつことを、ここに明確に宣言するよう、つよく主張する。」(『正確にのべられた軍の主張』一六四七年、浜林正夫訳)

平等派は、国王と貴族院のない一院制の共和制を展望する。国王チャールズ一世の処刑を正当化できるのは、人民主権の原理しかなかった。君主主権は絶対君主制の、それに対抗する人民主権は共和制の統治原理である。イギリスと戦って独立したアメリカ合衆国が、国王も貴族も認めない人民主権の共和制となったのは、そのことをよく示す歴史的事実である。

この君主主権と人民主権の中間に、じつにさまざまな主権論が存在する。イギリスの立憲君主制を支えている議会主権論の、議会とは君主・貴族院・衆議院の三者から成るという説明を聞けば、その妥協的性格は明白である。一九世紀のドイツ公法学が生み、「大正デモクラシー」時代に日本の憲法学にとりいれられた国家主権説も、ドイツ的な妥協の理論である。当時のドイツは君主制であったが、主権は、君主と人民をともに包摂する国家にあり、君主は国家の機関として統治権を行使する、というのが国家主権説であった。現実に存在する君主と人民の政治的対立を、法的に克服しようとするのが国家主権説である。それはドイツの立憲君主制の統治原理となる。

国民主権

国民 Nation に主権があるという国民主権の考え方も、歴史的には君主主権と人民主権の中間的なものであり、それは立憲君主制にふさわしい主権論である、ということができる。すでに一六〇年以上もつづいている、ベルギー国憲法(一八三一)は、国民主権にもとづく立憲君主制の憲法としてよく知られている。ベルギーはドイツとフランスという大国にはさまれた小国であるが、民主主義と自由主義の基礎のうえに君主制を維持しようとしてきた国民主権の国家として、一九世紀以来他国の憲法に影響を与えてきた。

人民と国民

昭和憲法の国民主権は、その制定の出発点から、国民と人民という日本語でも英仏語でも意味のちがう語の意図的な混同にまつわりつかれていた。日本政府は、ピープルに主権があるというアメリカ人の共和制的発想を、国民の至高の総意と「誤訳」することによって、天皇制が共和制に接近することを防止しようとした。「至高の総意」は「主権の存する日本国民の総意」に訂正されたが、ピープルを人民ではなく国民と誤訳したところはそのままであった。

日本語で主権の存する「国民」といえば、それは一七八九年の人権宣言や一八三一年のベルギー国憲法と同じようにネーション nation を指すはずである。憲法担当の国務大臣金森徳次郎が、憲法制定議会の答弁で、この国民には天皇もふくまれるといえたのは、ピープルを国民としておいたからである。もし正しく人民と訳していたら、主権の存する人民に、天皇もふくまれるとはいえなかったであろう。

ネーションという英語は、国民、国家、民族など、生れを同じくする、祖先・文化・言語などの共通な人間の集団を指す。ピープルの方は、ネーションの一部、たとえば、富裕な階級、知識階級に対立する一部を指すという用例があることを、OEDは教えてくれる。リトレのフランス語辞典はさらに、プープル(ピープル)とナシオン(ネーション)が混同されやすいので、二つの語の使用例のちがいを、ナシオンの項で、わざわざつぎのように説明している。

「語源的にはナシオンは、生れや出身の共通な関係を示し、プープルは、数量とかまとまりの関係を示す。したがって、ナシオンを同一国の住民団体を代表するもの、プープルを同一団体を政治的に代表するものと考えるのが通例である。しかし、通常この二つの語は、しばしば混同される。」

国民主権が、君主主権と人民主権の中間的なものであり、専制君主制から共和制への過渡期に生れる立憲君主制を支える統治原理であるとすると、昭和憲法の規定する国民主権は、いかなる形態の立憲君主制を支えようとしているのかが、「天皇と国民」をめぐる最後の問題となる。立憲君主制には、明治憲法時代の天皇制のように限りなく専制君主制に近い、いわば外見的立憲君主制といわれるものから、昭和憲法の規定した天皇制のように、もう一歩進めば共和制になると思われるような、立憲君主制の最終形態と思えるものまで、時代により、国によって多様である。明治維新以降の日本は、憲法典をまったくもたない専制君主制、明治憲法と皇室典範を共存させた外見的立憲君主制(絶対主義天皇制)、そして昭和憲法下の立憲君主制(象徴天皇制)と、この一世紀半の間に、いずれも極端な形の君主制の諸形態を経験した。

現在の日本の憲法学界には、フランスの憲法史の実証的な研究にもとづいて、国民主権《ナシオン》と人民主権《プープル》の相違を強調する傾向と、日本国憲法の解釈論として、国民主権と人民主権を同視する傾向と、二つの一見あい反する傾向がある。主権という概念は、もともときわめてイデオロギー的な概念である以上、主権の主体を君主とみるか、人民とみるか、また国民、国家、議会とみるかには、それぞれ異なる政治的主張がこめられていることは否定できない。

イデオロギー批判

私は、そのイデオロギー批判の一つの手がかりとして、国民と人民の相違、その根拠のない混同の危険性を指摘した。そのことを確認したうえで、天皇をはじめ憲法の諸規定を可能なかぎり人民主権的に解釈することをこころがけている。人民主権こそが、世界の憲法史の発展にふさわしい統治原理だと思われるからである。

しかし、国民主権を人民主権に近づけようとすればするほど、その試みは天皇の存在と衝突せざるをえなくなる。憲法第三章国民の権利及び義務の「国民」とは、個人としての国民National を指すが、現在の法律では、天皇および皇族はけっして国民としてあつかわれていない。もし天皇が国民の一人であり、第三章の権利・義務の主体であるなら、女帝を禁止した皇室典範第一条は憲法第一四条が禁止している性別による差別になるし、立后(天皇の結婚)を皇室会議の議にふす皇室典範第一〇条は、憲法第二四条の婚姻の自由に違反することになる。したがって、皇室典範はじめ皇室関係の諸法令が憲法の諸条文と矛盾するところを改め、皇族を一人の国民と法令上同じあつかいにし、天皇についても、例外的なあつかいは、憲法の要求する最小限度にとどめるようにすれば、国民主権は人民主権に限りなく接近していく。しかし、そのような憲法学者の、憲法解釈上の努力は、政府の天皇についての旧慣行の踏襲と、それに寛容な国民の社会意識によって妨げられがちである。

Ⅲ　戦争と平和

1 日本の軍備

天皇の章では、憲法の規範とその実態のずれが問題になった。そのずれは、日本国憲法の制定過程にも問題があるが、主として憲法施行後の日本の政治的支配層の、古い天皇観に責任があったといえる。その場合、そのような政治姿勢に寛容な国民の社会意識も軽視できないことは、それぞれの場所でふれた。

規範と実態の極端な乖離

天皇の第一章につづく、第二章戦争の放棄は、憲法の規範とその実態が乖離しているという点では、天皇の章より、はるかに極端である。第一章については、まず憲法の諸条文の意味を確定したうえで、それを基準にして現実を評価してきた。第二章については、まず私たちの目の前に展開されている、日本の軍備の実態をはっきりさせたうえで、それと第九条とのかかわりを検討することにしたい。その場合、第一章の場合と同様、日本の政治的支配層の政策とそれへの国民の対応はもちろん重要であるが、問題が問題であるだけに、国際政治の与える影響の大きさが注目される。

日本国憲法の特色が、冒頭の第一章と第二章にあらわれていることを否定する者はいない。しかし、それをどのような意味で特色とみるかは、みる者の見方によってまちまちである。私は第一章を、立憲君主制の最終形態を規範化したものとして、そして第二章を、一切の戦力の不保持を宣言したものとして、世界の憲法に例のない「特色」と評価している。しかし、世界の憲法に例がないだけに、この規範はそのとおりには実現せず、第一章は日本国民の伝統的、前近代的政治意識の、第二章は、憲法より常に国益を優先させる日本政治の、憲法軽視という日本的特色をあらわす場になっている、といえないこともない。

『防衛白書』

まえおきはそのくらいにして、日本の軍備の現状からのべていこう。平成五年版『防衛白書』(一九九三)には、参考になる資料が沢山もりこまれている。

日本国は、自衛隊法(一九五四)にもとづき、自衛隊とよばれる軍隊をもち、防衛庁設置法(同年)にもとづく防衛庁を、総理府の外局としてもっている。

防衛計画の大綱(一九七六年閣議決定)によれば、自衛官定数一八万。陸上自衛隊、一二個師団。海上自衛隊、対潜水上艦艇約六〇隻、潜水艦一六隻、作戦用航空機約二二〇機。航空自衛隊、作戦用航空機約四三〇機。これが基準となっている。

一九九三年度の防衛関係費は四兆六四〇六億円、GNP比は〇・九三七%で、一般会計比は六・四%である。この比率は、文教および科学振興費八%と比較すると、その予算規模の大きさがわかる。前掲『白書』(一四七頁)にある、上位二〇カ国・地域の国防費(一九九一年度)によると、日本は一六四億ドル余、一人当り一三二ドルで、世界第六位になっている。アメリカ、旧ソ連、サウジアラビア、イギリス、フランスにつぎ、ドイツ、中国より上位になっているのが意外である。この二〇カ国の国防費比較で救いになるのは、日本の対GNP比が一％で最低になっている点である。

在日米軍

日本の自衛隊が、その編成・装備、そして予算規模において、世界の一〇位以内に入ることは、防衛庁が編集した『防衛白書』がはっきりと認めている。そして、日本の軍備としてさらに考えなければならないのは、「日本国とアメリカ合衆国との間の相互協力及び安全保障条約」（一九六〇）にもとづくアメリカ軍の駐留である。

沖縄における在日米軍の配置は、沖縄返還（一九七二）以降も直接占領当時とそれほど変化していない。また、在日米軍の配置は、横田（在日米軍司令部・第五空軍司令部）、座間（在日米陸軍司令部）、横須賀（在日米海軍司令部）、厚木（西太平洋艦隊航空部隊司令部）、岩国、佐世保、三沢など、陸海空三軍の基地は、日本全土におよんでいる。米軍の使用している施設・区域は一〇〇カ所をこえる。常時駐留するのは四万（本土一万六千、沖縄二万三千）だが、これには、横須賀、佐世保を母港とする第七艦隊の艦艇の出入りがあることを付け加える必要がある。

再軍備の歴史

自衛隊と米軍による日本の軍備が今日のようになるまでには、戦後五〇年にわたる、長い、しかも屈折に富んだ経過がある。その歴史を簡単にいえば、つぎのようになる。

一九四五(昭和二〇)年九月二日、日本は降伏文書に署名し、一切の日本国軍隊の無条件降伏を承認した。日本の受諾したポツダム宣言は、「日本国軍隊は完全に武装を解除せられたる後、各自の家庭に復帰し、平和的且生産的の生活を営むの機会を得しめらるべし」と命じていたから、連合国軍の占領と同時に、日本の軍隊は原則として解体した。占領中は、日本の軍事・外交問題はすべて、連合国軍が処理した。

完全に解体された日本の軍隊が事実上再建されはじめたのは、連合国軍最高司令官の指令で一九五〇(昭和二五)年にできた、七万五千人の警察予備隊である。朝鮮戦争の勃発で朝鮮に向った占領軍の留守を補充する意味をもつ日本人の軍隊であった。それを「警察」予備隊としたのは、施行されたばかりの憲法第九条が、一切の「戦力」の不保持を命じていたからである。

一九五二(昭和二七)年、講和条約・日米安全保障条約が発効して占領が終ると、保安庁法が制定され、警察予備隊は保安隊に再編強化されることになる。吉田茂首相が長官を兼任して、「新国軍の土台」たれと訓示して注目された。

一九五四(昭和二九)年、防衛庁設置法・自衛隊法が公布され、自衛隊が発足する。それに先行して日米相互防衛援助協定(MSA協定)が調印され、自衛隊の装備にたいするアメリカ合衆国からの無償・有償の援助が計られている。

それ以降の自衛隊は、自民党内閣の下で、「防衛力整備目標」(一九五七年一次防)、「第二次防衛力整備計画」(一九六一)、「第三次防衛力整備計画の大綱」(一九六六)、「第四次防衛力整備五カ年計画の大綱」(一九七二)、と日本経済の高度成長を上まわる強化ぶりをしめす。五カ年計画をやめて、「防衛計画の大綱」を基準にするようになるのは、一九七六年のことである。

自衛隊の現状は、中曽根内閣が決定した「中期防衛力整備計画」(一九八五)、海部内閣の「中期防衛力整備計画(平成三年度―平成七年度)について」(一九九〇)に、宮沢内閣が修正を加えようとして果さず、「非自民」の細川連立内閣になって、目下のところまったく先行き不明となっている。「防衛計画の大綱」の水準が改めて問題になっているのは、現状の混乱を見直すためである。

在日米軍の兵力は、一九五二(昭和二七)年四月、日米安全保障条約の発効時に二六万であったものが、新安保条約になった一九六〇(昭和三五)年六月には四万六千になっている。沖縄返還後は、一九七二(昭和四七)年の沖縄をふくめて六万五千から、四万余の現状になっている。在日米陸・海・空軍、海兵隊にたいする作戦指揮権は、太平洋陸軍、太平洋艦隊、太平洋空軍の各司令官がもち、在日米軍司令官は在日の各米軍を調整するだけである。日本は、ソ連、中国、北朝鮮にむけての米陸・海・空軍の前進基地となっている。中曽根流にいえば、日本列島は対社会主義国の不沈空母ということになる。

自衛隊と米軍

自衛隊と米軍はどのような関係になるのか。

一九五二(昭和二七)年、日本国とアメリカ合衆国の間の安全保障条約(旧安保条約)が発効したとき、「日本国は、武装を解除されているので、平和条約の効力発生の時において固有の自衛権を行使する有効な手段をもたない」ことが、米軍が日本に駐留する理由とされた。日本の非武装を前提として、占領軍がそのまま駐留軍と名称を変えただけで居座ることを認めた旧安保条約が正当化された。しかし、すでに警察予備隊という名の日本軍があったことは黙殺されている。

自衛隊創設の前後になると、池田・ロバートソン会談における自衛力漸増の共同声明(一九五三)や、MSA協定署名(一九五四)による兵器の購入・貸与など、自衛隊と米軍の関係は密接不可分のものとならざるをえない。一九六〇(昭和三五)年の新安保条約の成立は、冷戦時代にふさわしい、社会主義諸国を共同の仮想敵とする、日米軍事同盟の成立を画期づけた。自衛隊は在日米軍の同盟軍として編成され、それにふさわしい装備をもつようになる。

一九七八(昭和五三)年に福田内閣の閣議決定をえた、日米防衛協力のための指針(ガイドライン)は、平時から戦時に到る日米の軍事協力をあつかったもので、米ソの全面核戦争も当然検討の対象となっている。このガイドラインは、「前提条件」として、「事前協議に関する諸問題、日本の憲法上の制約に関する諸問題及び非核三原則は、研究・協議の対象としない」と明記していることが注目される。この時点では、軍事目的のため、日米安保条約の事前協議制、憲法第九条、非核三原則はすべて棚上げにすることが公然と語られているのである。

国際情勢の急変

一九八〇年代の終り頃から、国際情勢は急変する。一九八九(平成元)年、東西を分つベルリンの壁の実質的崩壊が始まり、ルーマニアその他東ヨーロッパの社会主義国の「自由と民主主義」を求める変革がつづく。西ドイツのマルクに東が事実上買収されてドイツ統一が成立するのが、一九九〇(平成二)年、翌年にはソ連が崩壊し、第二次世界大戦以来半世紀にわたる東西の軍事的対立の一方は完全に力を失った。一九九〇年三月、ワルシャワ条約機構WTOは軍事機構として解体し、ソ連を継承するロシア共和国は、他の諸共和国同様、市場経済の導入にともなう経済的混乱のため、主権国家としての体裁を維持するのがようやくである。

国際貢献論

一方アメリカ合衆国は、イラクのクウェイト侵略を機会に多国籍軍を編成し、国連安保理事会の承認のもとに、イラクへの戦闘を開始する。いわゆる湾岸戦争(一九九一年一月一七日―二月二八日)である。日本は多国籍軍へ一三〇億ドルという多額の軍事協力費を払っただけでなく、カネだけではなくヒトも出すべきだという国際貢献論がさかんになる。

国連の承認する多国籍軍には参加できなかったけれど、国連の平和維持活動PKOには積極的に参加すべきであり、それを実現できるのは自衛隊でしかない、という意見が有力となる。一九九二(平成四)年、国際平和協力法が成立して自衛隊のカンボディアへの派遣がはじまる。国連のPKO、UNTAC(国連カンボディア暫定機構)への参加である。自衛隊はさらに、モザンビークにも、選挙活動の監視という名目で隊員を派遣している。平成五年版の『防衛白書』の内容をみると、かつては「ソ連の脅威」に備えて、日本の防衛に専念するのが自衛隊であったが、今日では、激変する世界情勢に対処するアメリカに協力し、国連PKOに積極的に参加するための日本軍が自衛隊であるということがよくわかる。「経済大国」となった日本が、「政治大国」を目指すためには、国連安保理事会の常任理事国になるべきだという主張の、有力な裏づけになっているのが自衛隊の強化である。

日米の緊密な協力

内閣総理大臣が、内閣を代表して最高の指揮監督権をもつ自衛隊、日本政府に指揮権、管理権はないが、日米安保条約にもとづいて駐留している在日米軍、そしてその緊密な協力が日本の軍備を形成している。日本を訪問した外国人は、北海道へいけば自衛隊の演習にぶつかり、沖縄にいけば米軍基地と基地の間に住民が生活しているのを知ることができる。東京にもどっても、横田の米軍基地の周辺では、軍用機の訓練で騒音公害が拡がっていることを教えられる。日本が、戦争にたいして万全の備えをしている国だという印象をもっても不思議ではない。

もしこの外国人が、日本を訪問する予備知識として日本国憲法の条文を通読していたり、啓蒙的な憲法の本の「戦争の放棄」の章を読んでいたりすれば、行く先ざきで軍人、軍艦、軍用機をみてびっくりするにちがいない。外国人でなくても、日本国憲法の制定当時の憲法状況を知っている者が、途中の経過を伏せて、現状をみせられたら、憲法の条文からは想像もできない日本の現状にびっくりするであろう。

2　憲法訴訟

外国人がみてびっくりするようなことを、日本人がだまってみているはずはない。占領が終って以来、日本の再軍備の進行は、日本国憲法の平和主義、とりわけ、第九条の条文の立場から批判の対象になりつづけた。自衛隊や駐留米軍は憲法違反であるという声は、学界でもジャーナリズムの世界でも絶えることがなかった。一九五四―五五年に、政権を支える保守政党から「憲法改正」の動きが起きた原因の一つは、再軍備を憲法違反とする批判の声をおさえるためであった。

違憲審査制

明治憲法とちがって、昭和憲法には、裁判所の違憲審査制という制度が認められている。明治憲法の下では、国家総動員法(一九三八・昭和一三年)が憲法違反であるという声があがっても、違憲・合憲の対立は政治問題になるだけで、裁判所がこれに判断を下すということはできなかった。それが昭和憲法になって、裁判所は、具体的事件を処理するに当って、憲法判断を下すことができるようになったのである。

「最高裁判所は、一切の法律、命令、規則又は処分が憲法に適合するかしないかを決定する権限を有する終審裁判所である。」(第八一条)

自衛隊をめぐる憲法訴訟で、モデルケースとなるのは、恵庭《えにわ》事件と長沼ミサイル基地事件である。

恵庭事件

恵庭事件は、自衛隊法違反で国民が起訴された最初の事件である。北海道の恵庭町にある牧場を経営していた野崎兄弟が、隣接する自衛隊演習地に立ち入り、演習用の通信線を切って演習を妨害した行為が問題となった。一九六二(昭和三七)年一二月のことである。自衛隊の告発をうけた警察は、はじめ器物損壊罪(刑法第二六一条)で捜査していたが、翌六三(昭和三八)年三月、札幌地検は起訴の段階で、訴因を、自衛隊法第一二一条の「自衛隊の使用する防衛の用に供する物の損壊罪」に切りかえた。刑法なら三年以下の懲役または二万五千円以下の罰金だが、自衛隊法だと五年以下の懲役または五万円以下の罰金と刑罰が倍加する。野崎兄弟は、牧場経営と一家の生活を演習の生む被害から守るという動機で行動していた。この生活防衛的行為を、あえて自衛隊法違反で起訴する方針をとった政府(池田内閣)は、第二次防衛力整備計画の出発（一九六二・昭和三七年）に当って、自衛隊の合憲性を裁判所において確認してもらおうと決意したのではないか。

恵庭事件は、札幌地裁で四年にわたり、四〇回という公判を重ねた。野崎兄弟を支援する人々が札幌にきて、毎回の公判で傍聴席を一杯にした。審理の中心になったのは自衛隊の違憲性についてであり、札幌地裁判決(一九六七年三月二九日)をまえにして、事件関係者の多くは、自衛隊違憲の判決がでるのではないかと予想した。裁判所の訴訟指揮の仕方が、そう予想させたのである。しかし、判決は意外なことに憲法論にふれず、野崎兄弟が切断した通信線は防衛用の器物に該当しない、という自衛隊法第一二一条の条文解釈をつかって被告人を無罪とした。異例中の異例と思われたのは、敗けた検察側に控訴の意思がなく、事件が一審だけで確定してしまったことである。自衛隊の違憲性を裁くはずだった被告人側は、憲法にふれない無罪の理由に必ずしも納得できなかったが、無罪では控訴するわけにいかなかった。被告人側と同様、違憲判決のでるのを予測していた検察側は、それがでなかったことをよろこんで、その不安を再現する可能性のある控訴を断念したのではないか。それが一般の見方であった。

長沼訴訟

長沼ミサイル基地事件は、恵庭事件とちがって、自衛隊の違憲性が直接問題になる裁判ではない。この事件は、北海道の長沼町馬追山にある保安林の一部が、航空自衛隊第三高射群の施設(いわゆるミサイル発射基地)とその連絡道路をつくるため、森林法

第二六条第二項の「公益上の理由により必要が生じたとき」にあたるとして、農林大臣により指定解除の処分(一九六九年七月七日農林省告示)をうけたことにはじまる。この水源涵養保安林により用水を確保し、洪水を防止してきた長沼町民二七一名は、農林大臣を相手どり、指定解除処分の取消を求めて札幌地裁に行政訴訟を提起した。長沼町民の主張は、自衛隊が憲法第九条違反であり、憲法違反の航空自衛隊のミサイル基地設置のため保安林の指定を解除することに「公益上の理由」があるはずはない、というものであった。

長沼訴訟は行政訴訟であり、直接適用されるのは森林法であるから、なによりもまず、行政事件訴訟法による訴訟手続が問題になり、そこを突破してつぎに森林法の問題になる。たとえば、原告となった長沼町民二七一名全員に、果して原告適格があるか、また、訴えの利益があるかとか、指定解除処分に先行して行われた二度の聴聞会が森林法上適法であるかというような手続問題があった。しかしここでは、憲法問題にしぼって叙述をすすめることにする。

自衛隊違憲判決

一九七三(昭和四八)年、札幌地裁は原告の主張をほぼ全面的に認め、自衛隊は憲法に違反するという前例のない判決(九月七日)を下した。この判決は、憲法第九条の解釈につき学界の多数説(のちに詳述する私の解釈でもある)を採用し、戦力の保持を憲法違反としたから、問題は自衛隊が禁止された戦力に該当するかどうかであった。自衛隊関係者や軍事専門家の証言や「書証」にもとづき、自衛隊の実態は明白に第九条第二項が保持を禁止した陸海空軍という戦力に当ると判断された。したがって、憲法違反の施設設置のためになされた指定解除処分には公益上の理由がないとして取り消された。

この判決の核心になるのは、憲法前文・第九条の解釈と自衛隊の実態分析であるが、それ以外にも注目すべき憲法判断が二、三あった。たとえば、原告の訴えの利益の有無を判断するところで、森林法の保安林制度の基礎には、地域住民の「平和のうちに生存する権利」(憲法前文)があり、それが訴えの利益を支えているとしたり、いわゆる統治行為論を厳格に解して、自衛隊の憲法適合性について司法審査が可能だとしている点がそれである。

札幌高裁判決

敗訴した国側は控訴し、一九七六(昭和五一)年、札幌高裁判決(八月五日)が下った。この判決は、訴訟手続においても判決の内容についても、一審判決とはまったく対照的であった。控訴審は、自衛隊の実態を審理するところまでいかず、長沼町民に訴えの利益があるかどうかの審理だけで終り、地裁判決は破棄された。その主な理由は、伐採した保安林の代りに国がつくった代替施設が完備していると認められるから、長沼町民には訴えの利益がないというのである。この控訴審判決が特異だったのは、判決が手続問題で終っているのに、判決の結論にかかわりのない、しかも公判で審理したわけでもない憲法判断が傍論として付け加えられていたことである。

その第一点は、憲法第八一条の解釈で、砂川事件最高裁判決のとる統治行為論(八〇頁参照)

の拡大解釈である。統治行為として衆議院の解散のような本来司法的判断の対象となるものを認めるだけでなく、法規の解釈自体にまでそれを認めようとする。第二点は、自衛隊設置にかかわる国会の立法行為、および内閣の行政行為は統治行為であるとする。そして第三点が、憲法第九条の解釈であるが、ここで判決は、第九条についての対立する二つの見解を紹介し、いずれも一応の合理性を有するもので、第九条第二項前段は一義的に明確な規定とはいえない、とする。明確なのは、侵略戦争のための戦力保持の禁止だけであるが、自衛隊は一見明白に侵略的とはいえないから、司法審査の対象にならない、とする。この傍論は、統治行為の概念を拡大し、高度に政治的な国の行為は一見明白に違憲でないかぎり司法審査の対象にしないという最高裁判所の司法消極主義に恭順の意を示したものであった。

札幌地裁の裁判長福島重雄が青年法律家協会の会員であることをめぐって生じた、所長平賀健太の裁判干渉問題や、地裁判決をくつがえす目的でなされた札幌高裁の長沼シフト人事などは、司法権の独立をあつかうⅣの3の問題であって、ここでの本来の問題ではない。しかし、控訴審判決の傍論の内容・形式ともに、いかにも暴論にしかみえないことを考えると、この裁判については政治的問題を思い出さずにはいられない。

一九八二(昭和五七)年の最高裁判決(九月九日)は、大方の予想どおり、自衛隊の違憲性や平和的生存権の有無には一切ふれず、長沼町民の訴えの利益はなくなったという理由で上告を棄却している。恵庭事件のときもそうであったが今回も、結局、自衛隊の憲法問題については、なんら最終的判断が下されなかったのである。自衛隊については、なるべく憲法判断を下さず、政治部門(国会・内閣)の判断に委ねるというのが、今日までの最高裁判所の態度であるらしい。

自衛隊にくらべると、在日米軍にたいする裁判所の態度は、より明確である。いまではすでに三六年も前になったが、当時一年近く話題になりつづけた憲法訴訟に砂川事件というのがある。この事件の憲法的意義は、今日なお少しも失われてはいない。

砂川事件　砂川事件というのは、一九五七(昭和三二)年七月、東京都砂川町所在の立川飛行場の拡張反対に結集した、町民、労働組合員、学生等の一部である三〇〇人くらいが、安保条約・行政協定により米軍が使用する区域で立入り禁止になっている飛行場に、境界柵を破って立ち入り、そのうち七名が、刑事特別法第二条違反として東京地裁に起訴された刑事事件である。この事件は、刑事事件としては比較的単純な事件であり、犯行そのものに争いがあるわけではないが、そこに適用される刑事特別法と、その根拠になっている行政協定・安保条約の効力が、憲法違反として争われたために大事件になってしまった。

一九五九(昭和三四)年、東京地裁判決(三月三〇日)は、つぎのような憲法論を展開することにより、被告人全員を無罪とした。この判決は、裁判長伊達秋雄の名をとって「伊達判決」とよばれることがある。

「伊達判決」

同判決は、憲法第九条第二項を、同条第一項の「実質的裏付けとして、陸海空軍その他の戦力を一切保持しない」という規定であると解釈し、「平和を愛する諸国民の公正と信義に信頼して、われらの安全と生存を保持」(前文)するのを原則とみた。その例外的場合としては、「国際警察軍による軍事的措置等、現実的にはいかに譲歩しても右のような国際平和団体の目ざしている国際連合の機関である安全保障理事会等の執る軍事的安全措置等を最低線として」、それ以上個別的な軍事的措置は否定する立場をとった。この立場から安保条約をみると、駐留米軍は、「わが国が自国と直接関係のない武力紛争の渦中に巻き込まれ」る原因となる、第九条第二項前段に違反する軍隊だということになる。したがって、米軍の使用する飛行場に立ち入った日本国民を、同種の行為に適用される軽犯罪法より刑罰の重い刑事特別法で処罰するのは、憲法第三一条(適法手続)に違反する。

この米軍駐留違憲判決は、「安保改定」をいそいでいた第二次岸内閣をおどろかした。検察側は跳躍上告により、事件をただちに最高裁判所にもちこんだ。その結果、異例の早さで出されたのが、原判決を破棄する最高裁大法廷判決(一九五九・昭和三四年一二月一六日)である。それは新安保条約調印(一九六〇・昭和三五年一月一九日)の前夜であり、安保改定阻止の統一行動がようやく高揚しようとしているときであった。

砂川事件最高裁判決

最高裁判決は、二つの理由で原審判決を破棄する。その一は、長沼控訴審判決に利用された統治行為論であり、その二は第九条の独自な解釈である。憲法判断を自制する統治行為論と独自の憲法論の積極的な展開は矛盾しているが、両者はつぎのように説明されている。

判決の多数意見によれば、安保条約は、「主権国としてのわが国の存立の基礎に極めて重大な関係をもつ高度の政治性を有する」から、「右違憲なりや否やの法的判断は、純司法的機能をその使命とする司法裁判所の審査には、原則としてなじまない性質のものであり、従って、一見極めて明白に違憲無効であると認められない限りは、裁判所の司法審査権の範囲外であって、それは第一次的には、右条約の締結権を有する内閣およびこれに対して承認権を有する国会の判断に従うべく、終局的には、主権を有する国民の政治的批判に委ねらるべきものである」。この部分が、長沼事件控訴審判決の傍論の、統治行為の拡大解釈の基礎になっていることは明白である。

安保条約にもとづく米軍駐留が統治行為であるなら、「司法審査権の範囲外」なのであるから憲法訴訟はここで終りになるはずである。ところが判決は、さらに独自の憲法論を展開する。

最高裁判決は、第九条の戦争の放棄によって、「わが国が主権国として持つ固有の自衛権は何ら否定されたものでなく、わが憲法の平和主義は決して無防備、無抵抗を定めたものではない」と断定する。そして、「わが国の平和と安全を維持するための安全保障であれば、その目的を達するにふさわしい方式又は手段である限り国際情勢の実情に即応して適当と認められるものを選ぶことができる」と、「伊達判決」の解釈を緩和している。そのうえで、「同条二項がいわゆる自衛のための戦力の保持をも禁じたものであるか否かは別として、同条項が保持を禁止した戦力とは、わが国がその主体となってこれに指揮権、管理権を行使し得る戦力をいうものであり、結局わが国自体の戦力を指し、外国の軍隊は、たとえそれがわが国に駐留するとしても、ここにいう戦力には該当しないと解すべきである」という。かくして、安保条約は違憲でなくなり、国会の承認をえていない行政協定も、基地に特別の法益を認める刑事特別法も合憲ということになる。

この最高裁判決が、裁判所の司法審査権を制限する統治行為論をどの程度判例化しているのか、判決の主張に矛盾があるのでよくわからない。また判決の結論に関係のない憲法論を展開して、歴代自民党内閣の日米安保政策に助け舟を出しているのも裁判官らしくない(らしい?)論理の展開ぶりである。日本国憲法が保持を禁止しているのは日本の戦力である(外国の軍隊の保持を禁止することなど考えるはずはない)のは当然だが、日本政府が指揮権も管理権もない外国の戦力が駐留していても、憲法が禁止していないから合憲とするのは、日本国憲法の平和主義を無視した屁理屈でしかない。日本政府の指揮する戦力は危険だから禁止するが、政府の手が出せない外国の戦力は安全だから許されると、憲法が考えているとはとても思えない。

なおこの最高裁の判決部分は、吉田内閣が一九五二(昭和二七)年一一月、保安隊当時に出した「戦力」についての統一見解とよく似ているのが気にかかる。

統一見解にいわく。「憲法第九条第二項にいう「保持」とは、いうまでもなくわが国が保持の主体たることを示す。米国駐留軍は、わが国を守るために米国の保持する軍隊であるから憲法第九条の関するところではない。」

砂川事件が争われた一九五九(昭和三四)年以降、この矛盾にみちた、日本国憲法の原則をはなれた最高裁判決を変更する試みは、今日まで一度もなされたことがない。歴代自民党内閣がアメリカ政府の協力(圧力?)をえて作りあげてきた日本の軍備は、日本の司法権、すなわち歴代自民党内閣が任命した裁判官たちの手によって追認されている。しかし、その追認の仕方はあまりに政治的であり、とても法律家のものとは思えない。これを最終的に批判できるのは、最高裁判所が逃げ言葉としていったとおり、主権の存する国民でしかない。その国民を、国会や内閣はもちろん、最高裁が代表していないとすれば、残されているのは学問の世界の批判でしかない。

3　憲法第九条

現に私たちの目の前にある日本の軍備が、いかに日本国憲法の恒久平和の原則、その憲法規範的表現である第二章第九条の法文の意味とかけはなれているかを示すためには、すでにのべた日本の軍備を確認したうえで憲法の文章をかかげればそれで十分である。公平な第三者ならそれで納得してくれると思うが、なんらかの利害関係をもつ者はそれでは納得しそうにないから、憲法の条文をかかげるだけでなく、それに憲法学的な説明を加えることにしたい。

第九条の意味

憲法の前文は、恒久平和の原則をかかげている(第二段落)。日本国民の安全と生存は、「平和を愛する諸国民の公正と信義に信頼して」保持するという、みごとなまで楽天的な決意である。と同時に、「政府の行為によつて再び戦争の惨禍が起ることのないやうに」(第一段落)という、日本政府にたいする厳しい決意をのべている。この恒久平和の原則の具体化として、第二章戦争の放棄、第九条は制定された。ということは、第九条の解釈は、前文の原則の具体化でなければならない、ということを意味している。

第九条第一項

第九条第一項から順次説明していく。

第一項の前段は、「日本国民は、正義と秩序を基調とする国際平和を誠実に希求し」となっているが、これは前文の恒久平和の原則、自国のことしか考えない国家主義を否定する国際的平和主義の確認である。この部分が第九条に特別の意味を与えるということはない。

第一項の後段は、「国権の発動たる戦争と、武力による威嚇又は武力の行使は、国際紛争を解決する手段としては、永久にこれを放棄する」と規定する。

侵略・制裁・自衛を問わず、一切の戦争は「国際紛争を解決する手段として」行われると考える者は、この後段の規定で一切の戦争、武力行使、武力による威嚇は永久に放棄されたとする。単純明快な解釈である。

しかし、「国際紛争……」という句は、放棄する戦争を限定する句だとする有力な学説がある。一九二八(昭和三)年パリで調印され、日本も批准した不戦条約は、「締結国は、国際紛争の解決のために、戦争に訴えることを不法とし且その相互関係において国家の政策の手段としての戦争を放棄する」と宣言している。一九四七年のイタリア共和国憲法第一一条も、「イタリアは、他の国民の自由の侵害の手段又は国際紛争解決の手段としての戦争を放棄する」と規定する。「国際紛争……」という表現には自衛戦争はふくまれない、というのが現代国際法の通説であり、イタリア憲法も同じ趣旨に理解されている。日本国憲法の同じ表現だけが異なる意味をもつと解釈するのには無理がある。憲法をできるだけ国際法と矛盾なく解釈することは、国際法遵守の要請(憲法第九八条第二項)にも合致する。

第一項後段が、自衛戦争および自衛権を否定していないという解釈は、憲法制定当時の吉田内閣の解釈であり、私も当時からそれに賛成していた。

第二項前段　つぎの第二項の前段は、「前項の目的を達するため、陸海空軍その他の戦力は、これを保持しない」という規定である。

第一項で一切の戦争を放棄したと解する者にとって、この規定が一切の戦力の不保持を命じていることは自明である。

第一項では自衛権や自衛戦争を否定していないとする政府説も、戦争放棄の目的を達成するためには、一切の戦力を保持してはならない、とする。したがって、国際法上は認められる自衛戦争も、憲法上は不可能になる。日本国憲法には、明治憲法とちがって、宣戦・講和についての規定はないし、兵役の義務もなくなっている。一切の戦争を放棄し、一切の戦力の不保持を決意した国家でなければありえない憲法規定のあり方を、そこにうかがうことができる。

この二つの解釈からは日本の軍備の現状を説明することはできない。日本の再軍備の出発点となった警察予備隊が、超憲法的なポツダム政令により、「警察」という、実体をいつわる名称で創設されたということは、占領終了後の日本の軍備強化のあり方を示唆していた。日米安保体制下の軍備強化には、超憲法的なアメリカの軍事的圧力が働いており、それを正当化せざるをえないため日本政府の苦しい憲法解釈論があらわれる。

第九条第二項には、「芦田理論」とよばれる第三の解釈がある。第九〇帝国議会の衆議院で、「前項の目的を達するため」という修正案をだした芦田均の名をつけた解釈論である。芦田自身の発言によれば、この修正は、侵略戦争をしないという目的をあらわし、したがって自衛目的であれば、戦力を保持することができる、とする。この解釈は、第一項で限定的に放棄された戦争に対応して、第二項での戦力不保持も限定的に解釈するという点では論理が一貫している。しかし、憲法制定当時から、憲法第九条はこれまでの世界の憲法の歴史のなかで、平和主義を一歩前進させるものと考えてきた国民の期待を裏切るだけでなく、軍備を自衛用と侵略用に区別できるとする「芦田理論」には説得力が欠けていた。吉田内閣以来、日本政府は公式に「芦田理論」を採用したことはない。しかし、限りなくそれに接近し、今日ではそれを超えようとさえしているが、それは次節の問題である。

第二項後段

第二項の後段は、「国の交戦権は、これを認めない」。交戦権を、戦争をする権利と解すれば、第一、第二の説なら、一切の交戦権が否定されるのは当然である。

問題は「芦田理論」で自衛戦争を認めるとすると、ただ戦争をする権利だけでなく、戦争状態にある国家が国際法上もつとされる、交戦者の権利の有無まで考えなければならなくなる。

政府による説明

政府は、日本の軍備をどう説明してきたか。

一九五二(昭和二七)年、占領終了後に、七万五千の警察予備隊から一一万(地上軍一一万、空軍一二〇機、海軍六八隻)の保安隊・警備隊に改組されたとき、前掲の政府統一見解は、「戦力」とは「近代戦争に役立つ程度の装備、編成を具えるもの」であるから、「近代戦を有効に遂行し得る程度のものでない」保安隊・警備隊は戦力ではないとした。それは、本質は警察上の組織であり、戦力に至らざる程度の実力である。

一九五四(昭和二九)年に自衛隊が発足すると、同法は公然と「直接侵略及び間接侵略に対しわが国を防衛することを主たる任務とし」(第三条)とのべ、軍事目的を明確にしたから、それまでのように国内の治安維持のための警察力であるという嘘をつく必要はなくなった。

吉田内閣から鳩山内閣に交替する一九五四―五五年頃に、日本の再軍備を正当化するため、憲法第九条を中心とする憲法改正論がもりあがったのは、自衛隊が第九条第二項で保持を禁止した戦力であることが、だれの目にもしだいに明らかになってきたからである。自衛隊の増強がすすめばすすむほど、それを戦力でないと説明することが困難になったからである。しかし、保守合同で自民党が成立し、政権を維持しつづけたが、五〇年代はもちろん、六〇年代にも、そして七〇年代になっても、自民党の第九条を中心とした憲法改正は現実のものとはならなかった。社会党、共産党などの強い反対にあって、「改憲」をスローガンにする自民党は、衆参両院で、それぞれ必要な三分の二以上の議席を占めることができなかった。

そこで政府は、自衛隊は専ら日本の防衛のためのものであることを力説し、しかも第九条第二項が保持を禁止した「戦力」ではない実力、あるいは防衛力であると主張せざるをえなかった。恵庭事件でも長沼ミサイル基地事件でも政府はそのような説明をくりかえすだけである。「自衛のための必要最小限度の実力」の保持は憲法上禁止されていないという説明(昭和五四年版『防衛白書』六三頁)が、自衛隊の増強にかかわりなく、今日までつづいている。

正当化の理論も変化

政府の自衛隊正当化は、憲法論よりも、自衛隊を必要とする国際情勢の分析に力点がおかれている。したがって、自衛隊を必要とする国際情勢に変化があれば、自衛隊を正当化する理論も変化せずにはいない。

第一次から第四次にわたる防衛力整備計画の出発に当って、岸内閣が閣議決定した「国防の基本方針」(一九五七・昭和三二年)は、四点をあげている。一は、国連活動の支持、二は、民生の安定と愛国心の高揚、三は、自衛のため必要な防衛力の漸進的整備、四は、米国との安全保障体制の堅持、である。これらの方針は、「近年、特に通常戦力を含めたソ連軍事力の一貫した増強は、西側の対応ぶりいかんによっては、今後の国際軍事情勢に大きな影響を及ぼす」(前掲『防衛白書』六一頁)という情勢認識にもとづくものである。

一九七八(昭和五三)年の日米防衛協力のための指針は、「ソ連の脅威」にたいする本格的な対応策であるが、八〇年代を通じて、ヨーロッパにおける米ソの緊張緩和にもかかわらず、アジアで増大するソ連、中国、北朝鮮の「脅威」なるものが、自衛隊の強化を正当化した。ソ連が崩壊してロシア共和国が生れ、中国では市場経済の導入に専念し、北朝鮮の食糧事情の悪化が伝えられる状況でも、「社会主義国の脅威」はいぜんとしてなくなっていない、とされる。

一九九三(平成五)年版の『防衛白書』は、湾岸戦争以後の新しい国際情勢にたいして、自衛隊の役割をどのようにのべているか。憲法とのかかわりで、その叙述の特徴をのべると、つぎのような点が注目される。

わが国が主権国家として自衛権をもち、その行使を裏付ける、自衛のための必要最小限度の実力は憲法違反ではないという立場は一貫している。しかし、保持しうる自衛力の限界として、ＩＣＢＭ(大陸間弾道ミサイル)、長距離戦略爆撃機、攻撃型空母をあげたり、自衛権を行使できる地理的限界として、「武力行使の目的をもって武装した部隊」の他国への派遣、いわゆる海外派兵の違憲性を指摘したり、国際法上許される集団的自衛権が憲法上は許されない、とのべている点は、自衛隊の限度を改めて確認したものとして注目される。

しかし、その限度に到達するまでは自衛隊の装備や任務を強化することができる、という意味にとることもできる。九三年版『防衛白書』でとくに目立つのは、「国際貢献における自衛隊の役割と対応」(一六九―二〇四頁)の強調である。国際連合平和維持活動等に対する協力に関する法律(一九九二・平成四年)により、国連の指揮下に入るＰＫＯへの自衛隊の参加が積極的になり、自衛隊の憲法問題はますます複雑になってきた。このことと、自衛隊の装備や行動の憲法上の限界の確認とは、けっして無関係ではないであろう。

自衛隊の存在自体を憲法違反とする立場からみると、自衛隊の装備の限界や、海外派兵や集団的自衛権の行使などは憲法上問題になるはずのない問題である。しかし現実の国会や政府の論議においては、国家の自衛権から出発した右のような次元の問題が憲法問題とされている。そのうえ、湾岸戦争以降は、国連を介在させることによって、自衛隊の憲法問題はこれまでとはちがう次元に移ろうとしている。

4　憲法と国際法

二〇世紀の新しい憲法現象

政府の自衛隊正当化論が、主権国家に固有の自衛権から出発し、今や国連を舞台にするまで国際化してきたことは、前節でみてきたとおりである。憲法の国際化ともよばれる、一国の憲法と国際法との深い結びつきは、二度の世界戦争をへた現代世界に一般的な傾向であり、昨日や今日はじまった現象ではない。それは、一九世紀にはなかった、二〇世紀の新しい憲法現象といってもよいであろう。

日本国憲法はこの新しい流れに沿って誕生した。明治憲法が一九世紀の、国家主権万能時代の産物であり、超国家主義的に運用されて敗戦をむかえただけに、昭和憲法が「いづれの国家も、自国のことのみに専念して他国を無視してはならない」(前文)という国際主義の立場を出発点にしたことは当然である。憲法第九八条は、第一項で、この憲法が国の最高法規であることを宣言したうえで、第二項で、「日本国が締結した条約及び確立された国際法規は、これを誠実に遵守することを必要とする」と規定している。

ポツダム宣言の受諾と連合国軍の占領で始まった戦後の日本が、国際政治のあり方から決定的な影響をうけつつ今日にいたっていることは、戦前にはみられなかった現象である。占領は一九五二(昭和二七)年四月二八日、講和条約が発効するまで六年半つづいた。その間に、明治憲法が「改正」されて、まったく新しい憲法が生れている。天皇および日本政府は、連合国軍最高司令官に従属していた。

講和条約と同時に発効した日米安全保障条約にもとづき、占領軍の主体をなすアメリカ軍は、駐留米軍と名称をかえただけで、そのまま日本に居残った。講和条約によれば、外国軍隊は九〇日以内に日本から撤退することになっていたから、占領軍は米軍として純化されたわけである。この一九五二年の安保条約は一九六〇年に新しい安保条約に改定され、その固定期間である一〇年目の一九七〇年以降も自動延長されて今日にいたっている。占領から今日にいたる半世紀にわたる特別な日米関係は、軍事、外交にかぎらず、政治、経済、学術、文化等、国民生活のほとんど全領域におよんでいる。

このような日米関係の現状を知るには、その出発点となっている占領時代からの考察が必要である。憲法と国際法の問題を中心として、戦後五〇年をふりかえってみよう。

占領期　占領中は、間接統治といわれる方法がとられたため、その法的表現は単純ではなかった。まず、最高の権力をもっていたのは、連合国軍最高司令官SCAPであり、その発する指令・指示・覚書などと、それを実施するための緊急勅令五四二号(ポツダム勅令)、さらにそれにもとづく政令(ポツダム政令)が、占領法規、いわゆる管理法の体系をなしていた。それとは別箇に、憲法・法律・命令という、通常の法体系が存在した。占領法体系と憲法体系という二つの法体系が衝突した場合には、SCAPの指令に根拠をもつ占領法体系が優先した。占領中は、日本国憲法は日本国の最高法規ではなかった。占領の最高権力をもつSCAPは、米英ソ中の同意したポツダム宣言を実施することがその任務であった。

問題なのは、占領が終っても、この二つの法体系が形を変えて存続していることである。講和条約発効後は、SCAPはなくなり、その指令にもとづくポ勅・ポ政令も効力をもちつづけることができなくなった。そのかぎりでは、憲法が最高法規になるはずであった。しかし、占領法体系に代って登場したのが、安保法体系とよばれる、憲法・法律・命令とは別箇の法体系である。それは日米安保条約を頂点とし、行政協定、特別法・特例法とつづく法体系である。

旧安保条約　一九五二(昭和二七)年の旧安保条約は、国民にはまったく秘密のうちに交渉・調印されたものだけに、憲法からみるとさまざまな問題をもっていた。同条約の前文は、冒頭に「日本国は、武装を解除されているので、平和条約の効力発生の時において固有の自衛権を行使する有効な手段をもたない」とのべている。しかも、「無責任な軍国主義がまだ世界から駆逐されていないので」、日本は武力攻撃をうける危険を防止するため「日本国内及びその附近に」米軍が駐留することを希望する。アメリカはそれに応えて軍隊を駐留させるが、日本が軍備を漸増させることを期待する。これが旧安保条約の前文の趣旨である。この前文の冒頭の一節は、警察予備隊という名の軍隊がすでに存在していた以上真実ではなく、社会主義諸国を敵として世界から駆逐するという発想は、当時熾烈な朝鮮戦争をたたかっていた米軍の発想としてはともかく、日本国憲法の平和主義とはまったく相容れないものであることは明白であった。

条約第一条によれば、アメリカは日本全土とその付近に、場所も期間も規模も、なに一つ制限なしに軍事基地を設けることができる。その目的は、「極東における国際の平和と安全の維持に寄与」するだけでなく、外国の教唆、干渉による日本国内の内乱、騒じょうの鎮圧にも、日本政府の明示の要請があれば出動する、という広範なものである。この第一条をみれば、旧安保条約が、占領のアメリカ的再編成であることがよくわかる。

アメリカ軍の日本国内およびその付近への配備を規律する条件をきめるのは、日米両政府間の行政協定である(条約第三条)。この協定は、日米両政府だけでなく、国民の権利・義務にかかわりをもつ実質上の条約であるが、国会の承認(憲法第七三条三号)をえていないという問題があった。アメリカ軍、軍属およびその家族の広範な特権を保障したのは、この行政協定である。

その特権をさらに具体的に規定するのが、各種の特別法・特例法である。旧安保条約の発効した年に、土地使用米軍特別措置法、電波法米軍特例法、関税法米軍特例法、専売法米軍特例法、所得税法米軍特例法、地方税法米軍特例法、刑事特別法、民事特別法等々、主要なものが制定されており、その後若干の補足がある。この安保条約・行政協定・特別法という安保法体系と憲法・法律・命令という憲法体系の衝突から生じたのが、すでにのべた砂川事件なのであった。

新安保条約

一九六〇(昭和三五)年、旧安保条約・行政協定は全面的に改定され、現行の安保条約・地位協定にかわった。新旧両安保条約は、その法文が大幅に変化している。この変化は、ある意味では、旧安保条約施行八年間(一九五二―六〇)の日米関係の変化を反映していると同時に、ある意味では、変ることのない日米関係の本質を言葉のうえでおおいかくす役割を果していた。このことは、「安保改定」からすでに三〇年以上もたった現在、改めて確認することができる。

旧安保条約の正式名が「日本国とアメリカ合衆国との間の安全保障条約」であるのにたいして、新条約は「日本国とアメリカ合衆国との間の相互協力及び安全保障条約」というふうに、日米の「相互協力」を強調しているところに特色があるが、問題は「相互協力」の具体的内容である。また、条約の名称だけでなく両条約の法文を比較すると、表現がおだやかになっている点が少なくない。旧条約の前文が「無責任な軍国主義」とあからさまに社会主義国を敵視していたのに、新条約の前文では、「民主主義の諸原則、個人の自由及び法の支配」の擁護という表現で資本主義体制の擁護をはかるように変っていたり、新条約の各所に、「自国の憲法上の規定及び手続」を尊重することがうたわれている。しかし、くりかえしていうが、問題はリップサービスではなく実体である。

一九五〇(昭和二五)年の七万五千の警察予備隊は、第一次防衛力整備三カ年計画の終る一九六〇(昭和三五)年には、陸上一八万、海上一二万四千トン、航空機一三〇〇機の自衛隊にまで急成長していた。新条約第三条で、「自助及び相互援助により、武力攻撃に抵抗するそれぞれの能力」を維持、発展させるという相互主義の形をとることがようやく可能になった。無防備の日本が全土を提供してアメリカ軍に依存するという旧安保条約は、とても主権国家のものとはいえなかった。駐留米軍によって日本の国家主権は制限されるとしても、せめて形だけでも相互主義をとることが新条約のねらいであった。それに、アメリカのドル防衛のためにも、日本のただ乗りは許さないという「相互主義」が強調された。しかし、この「相互主義」で、旧安保条約の全土基地方式が改善されたわけではない。軍備について増強の義務が増加しただけである。

旧条約にない両国間の経済協力規定(第二条)は、六〇年代には目立ってくる日本の独占資本の復活強化、いわゆる「高度成長」に対応している。経済協力をはじめ、条約にはないが、広範な文化交流をとりいれた「日米新時代」の幕あけという政府の宣伝は、五二年当時とは異なる六〇年代日本の社会・経済を誇示する面もあったが、新条約がいぜんとして軍事的不平等条約であることを国民の目からそらすねらいがあったことは否定できない。六〇(昭和三五)年には、戦後最大の平和闘争であった「安保闘争」が「安保改定」反対のデモを毎日のようにくりかえしていた。

さらに新条約には、内乱条項の削除とか、今日ではすでに過ぎてしまった一〇年という固定期間の設定という新味がある。そしてなにより、条約第六条の実施に関する交換公文が、事前協議の方式を認めたことが、安保条約の暴走の歯止めになると宣伝された。米軍の装備の重要な変更(核武装)、日本の基地からの戦闘作戦行動には、両国政府の事前協議が必要だという。

しかし、この方式が行われたことは、まだ一度もないだけでなく、一九七八(昭和五三)年のガイドラインでは「前提条件」として棚上げにされてしまった。

最後に、「戦争と平和」の章のしめくくりとして、自民党内閣に代る細川連立内閣の下での、日本の軍備をめぐる憲法問題にふれておきたい。

細川内閣の下で

自民党は野党になり、「非自民」の八党派を与党とする細川内閣が成立したが、その政策は歴代自民党の基本政策と少しも変るところがない。本章に関連していえば、日米安保体制は従来どおり堅持されるし、自衛隊の存続にも少しも異論はない。安保・自衛隊に積極的な旧自民党(日本新党・新党さきがけ・新生党)と民社党に、七〇年代までは若干の疑問をもっていた公明党が参加し、それに、つい最近まで安保・自衛隊は違憲と主張してきた社会党が、党の方針を棚上げして合体化してしまっている。政党の次元でいえば、共産党を除くすべての政党が、自民党の基本政策に合流するようになっている。

この政党の流れは、国連のＰＫＯ協力を手がかりにした、自衛隊強化策をおしすすめる力になりそうである。「冷戦」構造の終焉をとく細川首相は、当面する戦後最大の不況もあって、自衛隊の軍縮を口にせざるをえなくなっている。「ソ連の脅威」の失われた今日、「専守防衛」の自衛隊の軍縮を考えるのは当然である。しかし、この当然の政策を巻きかえしているのが、日本の「国連協力」であり、「国際貢献」のための自衛隊の役割の強調である。

Ⅳ　権力の集中と分立

1　議会制民主主義

憲法第一章天皇、第二章戦争の放棄の、憲法規範としての意味と、その実態についてのべてきたが、日本国憲法冒頭の二つの章は、良い意味でも、悪い意味でも、きわめて日本的な部分であることは、すでにくわしくのべてきた。立憲君主制としての天皇、恒久平和主義の具体化としての戦力の不保持は、世界の憲法史上例のない革新的なものであるが、その規範としての表現と実態の乖離はまた、世界の先進諸国では例のない極端なものである。二重の意味で日本的というのは、そのような二つの側面を指している。

普遍的な政治道徳

これからとりあげる第四章国会、第五章内閣、第六章司法、第八章地方自治は、民主主義を目指す多くの国家が採用している統治機構であって、日本独特のものではない。そこには、長い憲法の歴史が育ててきた、普遍的な政治道徳の法則が貫かれている、といってもよいであろう。

もちろん、長い憲法の歴史のなかでは、時代により、国によって、国家権力の組織の仕方や、組織を構成する主要な機関の役割には変遷がある。イギリスのように議会主義を伝統とする国もあれば、アメリカ合衆国のように権力の分立を組織原理とする国もある。多くの国では、議会主義と権力の分立という、思想的根拠のちがう二つの組織原理を組み合せて、矛盾の調整は国政の運用にゆだねられている。日本もその一例といえる。

昭和憲法では、「国会は、国権の最高機関であつて、国の唯一の立法機関である」(第四一条)と規定する。

議会主義　国会が国権の最高機関であるということは、この憲法がイギリス流の議会主義を採用したことを示している。明治憲法は、イギリス流の立憲君主制、議会主義を採用しなかったが、「大正デモクラシー」の時代には、イギリスの議会主義が憲法政治のモデルとされたことがある。

議会の衆議院総選挙で、第一党となった政党の総裁が首相に任命されるのが、イギリスでは憲法(慣行)だが、日本でも「憲政の常道」とされた時期があった。平民宰相といわれた原内閣(一九一八—二一)から五・一五事件で倒れた犬養内閣(一九三一—三二)までの、ごく短い期間である。この「憲政の常道」を推進したのが、憲法外の国家機関である元老(西園寺公望)であったことは歴史の皮肉である。

議会主権　名誉革命以降、イギリスで議会は国権の最高機関の地位を占めてきた。議会は、専制的な国王の首をはねることもできたし、新しい国王を外国からむかえて新しい王朝を開くこともできた。首相を選ぶことも、不信任で罷免することもできた。法律も予算も議会が審議して決定した。貴族院は最高裁判所の役割も果す。議会は、男を女にし、女を男にする以外のことは何でもできる、というのが議会主義の伝統であり、法律家はこれを、議会主権とよんでいる。

イギリスで主権者は議会であるという場合、しかし、議会とは、君主、貴族院、衆議院から成るという註釈がつく。すなわち、君主、貴族、僧侶、市民という、名誉革命以前のすべての身分の代表が、今日では同じ議会という一つの制度の中で全国民を代表することになっている。議会主権は、若干の註釈をつけたうえでなら、国民主権ということもできる。議会の最高機関性は、ほとんど疑う余地がない。

議院内閣制

昭和憲法では主権者は国民である。国会の最高機関性は、主権者たる国民が直接選出する、国民の唯一の代表機関であることに、その第一の理由がある。第二の理由は、権限の性格による。衆議院の総選挙があれば首相を指名し、内閣の存続を衆議院の信任に依存させる、いわゆる議院内閣制は、内閣にたいする国会の優位性を前提としている。イギリスでも日本でも、内閣に諮問していた国王の政治的権能の制限が、議院内閣制を可能にした。昭和憲法では、天皇から一切の政治的権能が剝奪されたことが、明治憲法下でも萌芽的にあらわれていた議院内閣制を、制度として完成することになった。政府の権力部門とされる国会と内閣で、行政権の最高機関である内閣が従属する国会が、国権の最高機関とされるのは当然である。

三権分立

国会は、国の唯一の立法機関でもある。この規定は、行政権が内閣に（憲法第六五条）、司法権が裁判所に属する（第七六条）という規定とならべると、議会主義ではなく、権力の分立 Separation of Powers, 日本式にいえば三権分立の規範化と読むことができる。第四章、第五章、第六章の、国会、内閣、司法という表現は、権力の性質を示す立法、行政、司法と、それを担当する国家機関である国会、内閣、裁判所を一部混同しており、一国の憲法典としては恥ずかしい誤りだが、昭和憲法が権力の分立を統治機構の組織原理としてとりいれていることはまちがいない。

問題は、議会主義と権力の分立を、統治機構の組織原理として、どう調和的に機能させるかである。議会主義は、議会が国民の代表であることを、たんなるイデオロギーとしてでなく、実質的なものにすればするほど民主主義と結びつくことになる。選挙法改正による選挙権の拡大はその具体的あらわれである。また、権力の分立は、国家権力が特定の国家機関に過度に集中することをふせぐ、自由主義的国家観を前提とする。二つの原理の運用は、とりあえずは、それぞれの国家機関の個々の権限について検討しなければならないが、最終的には、その調和のさせ方が問題にならざるをえない。

立法機関としての国会

国の唯一の立法機関としての国会の、権限の第一にあげられるのは立法、すなわち、法律の制定である。立法、行政、司法と三権のうち、行政は法律の執行であり、司法は法的紛争の解決であるが、法律を制定する立法とは、国の政策の一般的原則を定立することである。憲法にもとづき、国策の諸分野で一般的規範を設定し、行政組織・行為の基準を定めたり、国民の権利、義務を定めたりするのが立法である。したがって、国会が三権の一つとして立法を分担するということは、国会が国家行為の指導的部分を担当することを意味し、国権の最高機関であることと立法機関であることは質的に矛盾するものではない。

予算の審議

国会の権限の第二は、内閣が作成し、提出する予算の審議、議決である。四月一日に始まり、三月三一日に終る会計年度において、国家の収入は法律で定めた租税により、支出は、予算に定めた費目に従って行われる。国民は納税の義務(第三〇条)により、税金の支払を憲法上義務づけられている。

サラリーマンの家計は、あらかじめ収入がきまっており、どう支出するかを考えるだけである。国の予算はそれとは逆に、支出しなければならない国の政策が先にきまり、それに応じた収入を考える。予算は、国会が決定した政策の執行に必要な支出の内閣による算定であり、その算定した支出をまかなう収入は、国会の法律による。内閣が作成した予算を国会が審議するのは、それが自らの決定した政策にたいして内閣が評価した支出案であり、それに見合う収入案だからである。内閣は予算を作成するが、そのとき、予算を必要とする国の政策そのものを作成するわけではない。

条約の承認

国会の第三の権限は条約の承認である。条約の締結権は、外交交渉から調印、批准と内閣の権限とされている。「但し、事前に、時宜によつては事後に、国会の承認を経ることを必要とする」(第七三条三号)のはなぜか。

日本では、条約はそのまま公布され、国民の権利、義務に直接影響を与える場合がある。既存の法律に抵触するおそれがあったり、新しい法律を必要とする場合もないわけではない。したがって、立法機関としての国会が、条約の締結に、承認という形で参加するのは当然である。しかし、事前の承認は条約の案文が確定している場合可能だが、事後の承認というのは、承認を条約成立の要件にしないことになり、問題を残すことになる。

右にあげた国会の主たる権限は、すべて立法機関としての国会に認められたものであるが、予算の議決、条約の承認などは、国権の最高機関としての国会ゆえの権限とみるべきだという側面も否定できない。国会の二つの側面のうち、最高機関性が明らかに優越していると思われるのは、つぎの国政調査権(第六二条)である。

「両議院は、各〻国政に関する調査を行ひ、これに関して、証人の出頭及び証言並びに記録の提出を要求することができる。」

国政調査権

一九四八(昭和二三)年の、地裁判決の不当さを調査した浦和事件以来、昭電事件、炭鉱国管疑獄からロッキード、リクルート汚職に到る数々の汚職事件が衆参両院の国政調査の対象となった。国政調査は、国政にかかわりのない個人の私行調査であってはならないし、国政であっても、独立を保障される進行中の裁判や、事柄の性質上秘密を要する一定の国家行為は調査の対象にすべきではない。しかし、安易に三権分立論をもちだして国政調査権を制限するのは問題である。立法機関としての国会の調査であれば、他の二権である司法・行政による制約も妥当な場合があるが、国権の最高機関としての調査を三権分立論で制限するのは、制度の趣旨に合致するとは思えない。ここでは、議会主義的な解釈と権力分立的な解釈が対立しあうことになる。

議会制度を民主主義的なものとするためには、長い議会の歴史や慣行に制約されながらも、その組織・権限についての改革が必要になる。昭和憲法は二院制の伝統をうけつぎながら、衆議院・参議院ともに公選の議員によって構成するとか、両院に広範な国政調査権を認めるという工夫を加えている。しかし、もっとも重要なのは、国会を国民の代表機関にするための選挙制度であり、成立した議会と国民を、選挙のときだけでなく常時媒介する政党のあり方である。前者は基本的人権、とくに参政権のところで詳論しなければならないし、後者は日本の政治全般にかかわる問題であるが、最近の「議会制民主主義の危機」について、ここで一言しておく必要があろう。

「政治改革」

それは、自民党内閣に代って登場した細川連立内閣の下で強行されようとしている「政治改革」についてである。この内閣は、衆議院(一九九三・平成五年総選挙)における自民党の過半数割れにより、日本新党・新党さきがけ・新生党・民社党・公明党・社会党・社民連を与党にして成立した。連立の条件の一つが、小選挙区比例代表並立制の導入であった。それに政党への公費助成が加味されている。細川内閣の提出した四法案の審議と成立過程については、Ⅴの4でのべることにする。この新しい選挙制度によって選挙がくりかえされるなら、既成の大政党か特定の政党連合が国会を支配することになり、小政党は国会への路をとざされるにちがいない。新しい、革新的政党の政治活動そのものが不自由になる。

現在でも、細川連立内閣と野党自民党の基本政策に大差はないが、小選挙区制による選挙は、政界を再編成し、保守二政党による政権交替を実現することになるかもしれない。その場合、第三党以下の小政党が選挙でいちじるしく不利になることはたしかだが、問題の金権腐敗政治がなくなるかどうか、見通しはきわめて悲観的である。野放しの企業・団体献金に政党への公費助成が加味され、それが小選挙区にそそがれるとしたら、金権選挙が防止される可能性はほとんどない。

2　内閣政治

現在、議会主義の伝統を誇るイギリスでも、憲法政治の実態に着目する学者は、議会政治Parliamentary Governmentではなく、内閣政治Cabinet Governmentが憲政の核心をなしているとみている。日本でも、国会と内閣の関係をみるかぎり、事情はよく似ている。議会制度を採用している国で、議会政治というより内閣政治といった方が適切な国が多いのは、イギリスや日本にとどまらない、現代政治の傾向といえるかもしれない。

戦争と内閣

この内閣政治の傾向は、二〇世紀になり、二度の世界戦争をへて決定的になったように思われる。戦争が、軍事を中心に、あらゆる産業統制から日常生活の規制まで行政権を肥大化させ、内閣の権力を強化したことはたしかである。戦争が終っても、戦後の復興、資本主義の技術革新、国際競争力強化等々の理由で、いったん肥大化した国の行政権の役割は低下することがない。

そのうえ、国民生活の観点からしても、増大する公害問題を解決し、環境破壊をふせぐだけでなく、社会福祉の問題に積極的に対応するためには、新しい行政領域の必要が大きくなる一方である。国家権力を抑制して市民的自由をまもるだけでなく、社会権的基本権（生存権・教育権・労働者権)を充実させるためには、「安上りの政府」に代る福祉国家が要請される。このような背景もあって、内閣政治の傾向は止まることがない。

昭和憲法が制定されるとき、明治憲法下の内閣のあり方への反省から、二つの点が考慮された。その一つは、天皇との関係であり、もう一つは、国会との関係であった。

内閣の発足

日本の内閣制度は、一八八五(明治一八)年、明治憲法が発布される四年も前につくられ、伊藤博文が初代の首相に任命されていた。ところが、明治憲法には内閣の規定はまったく存在せず、わずかに、「国務各大臣ハ天皇ヲ輔《ほ》弼《ひつ》シ其ノ責ニ任ス」(第五五条第一項)という規定が内閣の存在を連想させるだけであった。

内閣は憲法に規定のない、憲法外の国家機関であったといったら、今日の憲法をまなぶ者はびっくりするにちがいない。明治憲法上は、一人ひとりの国務大臣が、その担当した行政分野について天皇を補佐し、補佐に失敗すれば、天皇にたいして責任をとる、ということになっていた。内閣の連帯責任とか、議会や国民にたいする責任という考え方は、憲法上まったくなかった。

内閣の一体性

昭和憲法は、憲法上内閣を一体のものとしてとらえ、そこに行政権を帰属させた。天皇から政治的権能が一切剥奪された結果、天皇と内閣の政治的関係はなくなった。そのうえで、天皇に認められた国事行為にたいする、助言と承認が内閣の権限とされた。天皇の国事行為によって生じる責任は、助言と承認を行う内閣がとることになっている(第三条)。天皇の国事行為の拡大傾向については、天皇のところでのべたが、国事行為が拡大化すればするほど、助言・承認者としての内閣の責任も大きくなるのは当然である。

「内閣は、行政権の行使について、国会に対し連帯して責任を負ふ。」(第六六条第三項)

この規定は、明治憲法下では不明確であった内閣の一体性と、国会にたいする連帯責任を明確にして、議院内閣制を実効性あるものとしている。

天皇との関係を改善し、議院内閣制を確立するためには、内閣の一体性を確保することが必要である。その目的で強化されたのが、内閣総理大臣の権限である。明治憲法時代の内閣では、内閣総理大臣は「行政各部ノ統一ヲ保持ス」(内閣官制第三条)ることが任務であったから、閣内不一致が総辞職のもっとも主要な原因となった。

首相の権限

昭和憲法の内閣総理大臣は、自由に国務大臣を任命したり、罷免することができる(第六八条)。国務大臣の過半数は国会議員でなければならない(同条第一項)とか、文民でなければならない(第六六条第二項)という憲法上の制限や、二〇人以内という内閣法上の制限があるだけで、閣僚の人事はまったく内閣総理大臣にまかされている。これはなによりも、内閣の一体性を確保するための手段であり、閣内不一致を防止する手段となる。内閣総理大臣は、このようにして内閣内部での指導性を確立すると同時に、対外的には、「内閣を代表して議案を国会に提出し、一般国務及び外交関係について国会に報告し、並びに行政各部を指揮監督する」(第七二条)強力な権限をもつことになる。

内閣の権限　内閣総理大臣を首長として一体となった内閣には、行政権の最高機関として、広範な権限が与えられている。憲法第七三条は、一般行政事務のほかに、七つの重要な行政事務を例示的に列挙している。内閣は閣議を開いてこれらの事務を処理する。

一、法律を誠実に執行するのは行政の本質であり、内閣は最高の行政機関として国務を総括する。

二、外交もまた行政の主要な一部門である。ここでは、「日本国が締結した条約及び確立された国際法規は、これを誠実に遵守する」(第九八条第二項)という規定を想起する必要がある。

三、条約の締結権が内閣にあることはすでにのべた(一〇五頁)。

四、法律(国家公務員法)の定める基準に従って、官吏(国家公務員)についての人事行政を行う。官吏という語は、吏員(地方公務員)とともに、いまでは死語になっている。

五、予算を作成して国会に提出するのは内閣の事務である。しかし、第七三条には、現実には内閣の事務としてもっとも重要な、法律案の作成、提出が明記されていない。このことから、内閣には法律案の作成、提出権はなく、立法はすべて議員立法に限るという学説も生れる。しかし、内閣総理大臣が内閣を代表して国会に提出する「議案」(第七二条)に法律案がふくまれると解釈してもそれほど不自然ではない。内閣法第五条は、「内閣提出の法律案、予算その他の議案」というように「議案」の内容を説明している。

六、法律を執行するため、またはその委任にもとづいて制定される内閣の命令を政令という。明治憲法下の天皇の広範な勅令、内閣の閣令という法形式はなくなり、行政命令は、法律の執行と委任のある場合に限定された。

七、いわゆる恩赦の決定である。

右のように、憲法第五章内閣の諸条項をみる限り、議会政治が内閣政治に逆転する積極的理由をみいだすのは困難である。問題は憲法の規定にあるのではなく、先進資本主義国に共通の国家機能、とりわけ、行政機能の肥大化と、政党を媒介にした内閣と国会の現実の関係にあるということができる。

基本法と官僚

国の行政機能が肥大化して複雑になり、その技術的性格が強まり、長期にわたる計画性が必要になると、非専門家で任期の短い議員の集団である国会の立法機能は形骸化せざるをえなくなる。国会の専門職が充実して議員活動を援助しない限り、その弱点は改善されない。「高度成長」の時代とされた一九六〇年代に試みられた、農業基本法(一九六一)、中小企業基本法(一九六三)、林業基本法(一九六四)など「基本法」をみると、そこに規定されているのは、各経済分野における政府の新しい方針だけである。そこには一定の枠組みが示されているだけで、ほとんど中身がない。基本法は分野別の小憲法といえば体裁はよいが、現実には、内容のない、理念だけの法律で、その内容をうめるのは官僚である。しかもその理念は政府の「高度成長」政策を推進するものであって、憲法の本来の理念と一致するものではない。

日本の官僚

日本の内閣政治を現実に動かしてきたのは官僚である。戦後歴代の内閣をみても、官僚の占める地位は圧倒的である。幣原、片山、芦田、吉田、鳩山、石橋、岸、池田、佐藤、田中、三木、福田、大平、鈴木、中曽根、竹下、宇野、海部、宮沢と首相の名をあげてくると、一九名中生粋《きっすい》の官僚は一〇名、それも吉田、岸、池田、佐藤と長期に政権を担当し、講和・安保両条約の調印、安保改定、所得倍増、沖縄返還と、よかれあしかれ時代を画す仕事をしているのが官僚内閣である。そして、戦後史の流れにそって、官僚の中身が変化していることが注目される。

幣原、吉田、芦田という占領下の首相は、占領軍総司令部に出かけてアメリカ人と通訳ぬきで直接対話のできる外務官僚である。占領軍の指令をどう翻訳し、換骨奪胎して日本の政治に適応させるかが当時最大の政治問題であった。それは日本の外交官にふさわしい仕事であった。

一九六〇年代の「高度成長」政策を推進し、日本の独占資本の復活、強化をなしとげた岸、池田、佐藤は、通産、大蔵、運輸出身の経済官僚である。そして本書の第二版がでた、不況とインフレになやむ「低成長」時代には、大蔵官僚の福田と鳩山(威一郎)が首相と外相になり、保守本流を誇っていた。

田中角栄内閣が、のちにロッキード汚職として明らかになる金権腐敗を追及されて総辞職した一九七四(昭和四九)年以降は、自民党内閣は激しい派閥闘争のため二年とつづかず、つぎつぎに交替し、安定した政権を維持することが困難になる。自民党の最大派閥でありながら、金権腐敗とのかかわりで自らの首相をだすことのできなかった旧田中派は、一九九三(平成五)年分裂して、自民党は、衆参両院で、過半数の議席を占めることができなくなった。一九五五(昭和三〇)年の保守合同以来つづいた自民党内閣の幕引きをしたのが、官僚出身の宮沢内閣であったのは象徴的な出来事である。

官僚の特徴

本書の初版で、私は日本の官僚の特徴として、官僚生活二〇年を超える自称「生れながらの官僚」今井一男(『官僚』)の指摘を引用した。それは、事大主義、保身主義、保守性、消極性、形式主義、画一主義、前例第一、責任回避、秘密主義、繁文縟礼、会議また会議、印判行政、杓子定規、面子主義、出世第一主義、独善性、お役人風、法律万能主義、セクショナリズム、非能率性、非経済性、タイミング無視、浪費性、不親切、人情味皆無などなどである。私も国立大学に四〇年いて、一つひとつ思い当ることばかりであった。ここにあげられている特徴は、明治憲法下の天皇制官僚がもっていたものであるが、官僚の本質が国家のあり方の変化とともに変化したはずの現在、どこまで改善されているかは問題である。

新しい官僚制

天皇制官僚は、占領中に、公職追放でその首脳部を失い、内務省廃止、警察の地方分権化で急速に弱体化した。官公庁につくられた労働組合の下からの民主化闘争が、官僚制の土台から、その弱体化に拍車をかけた。しかし、占領が終って日本資本主義の復活強化が進むと、大蔵・通産・農林水産官僚など経済官僚を中心とする専門的技術家集団として、新しい官僚制が再編成されつつあることがはっきりする。それは現代の資本主義諸国に共通の官僚制というより、国家による上からの指導を特徴とする日本資本主義に特有の官僚制といった方が当っているかもしれない。この新しい戦後の官僚制は、自衛隊増強にともなう軍幹部の増加、警察の事実上の中央集権化、公安調査庁という政治警察の再現、自治省という名の内務省の復活、最高裁事務総局中心の司法官僚の形成などによって補強されているが、それはけっして天皇制官僚への復帰の動きを示すわけではない。

憲法第一五条第二項は、「すべて公務員は、全体の奉仕者であつて、一部の奉仕者ではない」と規定しているが、新しい官僚制が、どこまで国民全体の奉仕者になっているかは大いに疑問である。この疑問は、日本が日米安保体制とよばれる特殊な対米関係におかれていることと無関係ではないが、一九五五年以来九三年まで三八年間、自民党内閣が一度も交替することなくつづいたという事実と深く結びついている。この間、官僚の上層部からは、自民党員となって国会議員に当選し、派閥の幹部や閣僚になる者が少なくなかった。自民党議員は、国会で行政分野別に設置されている委員会に入って「族議員」となり、省庁にコネをつくって資金源である企業に影響力を行使した。その場合、議員が官僚出身であれば、各省庁の先輩ＯＢとして特別の影響力をもつことができる。

政・官・財

現在マスコミをにぎわしつづけている、大手建設業（ゼネコン）と知事・市長の贈収賄事件も、その調査が進むにつれて、建設省と自民党の建設族議員にまで関係がおよぶ可能性があると取沙汰されている。官僚と自民党の一体化ともいえる関係は、財界との合法・非合法の結びつきによって、政・官・財のトライアングルとして完成する。官僚の中には、許認可権によって特別の利害関係をもつ企業に天下り、その幹部社員となる者が少なくない。天下り官僚が各省庁と企業の、合法・非合法のパイプ役になる。

自民党と官僚、官僚と企業の結びつきを考えると、この官僚によって動かされている内閣政治がどのような役割を果すかは容易に想像できる。自民党政権に終止符がうたれ、自民党族議員と官僚の関係に新しい現象が生れたり、官僚と財界の関係にも「規制緩和」などを理由に特別の関心が払われるようになりつつあるが、細川連立内閣の下で、それがどのような方向に行くか注目される。自民党の野党化で影響力を失う族議員、汚職の摘発と深刻な不況で発言権が弱まる大企業、政・官・財のトライアングルの中で、なんの打撃も受けず、我が世の春をうたっているのは官僚だけだという見方もある。
内閣政治の問題は、国家権力の立法・司法・行政への権力分立を形骸化する問題であると同時に、中央と地方の権限の分配にも深くかかわっている。

3　司法権の独立

大津事件

「司法権の独立」というと、すでに一世紀前の昔話になってしまった大津湖南事件から話を始めないわけにいかない。日本の法曹界では、これまでこの事件を、日本における司法権独立の、賞讃に値する先例とみてきたし、戦前の天皇制支配の下では、それはたしかに良い意味で注目すべき事件であったからである。

しかし、この事件には、今日の目からみると重大な問題がある。それだけではなく、「司法権の独立」という考え方自体に問題があると、私は早くから考えていた。この私の考えをのべるのには、大津湖南事件は最適の事件である。

大津事件というのは、一八九一（明治二四）年、ロシアの皇太子ニコライの訪日のさい、琵琶湖の南の町大津で、警備の一巡査が抜刀して皇太子に傷をおわせた刑事事件である。当時の松方内閣は大国ロシアの圧力のあるのを恐れ、外国皇太子に危害を加えた犯人を、日本の天皇・

三后・皇太子に危害を加えた者になぞらえて死刑を判決すべきだと考えた。当時の刑法(一八八〇・明治一三年)には、皇室に対する罪はあっても外国の皇太子を特別にあつかう規定はなかったから、一般の殺人未遂罪としてあつかうほかはない、と司法部内では考えられた。時の大審院長児島惟謙はとくに死刑説に反対し、政府側からの圧力に屈せず、この事件を通常の刑事事件(謀殺未遂罪)とするのに成功した。これが、政府にたいして司法権の独立を擁護し、児島惟謙を「護法の神」とまでいわせた有名な大津事件である。

児島の名を高くしたのは、首相松方正義や貴族院議長伊藤博文などの政治的圧力をはねのけ、法律家らしいすじの通った刑法論を展開したからである。それは、明治憲法が施行された翌年のことである。しかし、昭和憲法の規定に従えば、児島の行為には問題がある。児島は松方首相にたいして、「裁判官の職務は独立して不羈なり。大審院長と雖も其員に加はらざれば、其事件に対して意見を述べるの権限なし」と正論をのべながら、問題の裁判が開かれる大津まで直接でかけていって、裁判の直前に内閣側に傾いている堤判事をよびだし、君は「抑も天下国家を欺きて、一身の安を貪らんとするか」と責めて翻意させ、担当裁判官七名中五名の意見を一致させている。児島自身はその事件を担当していなかった。ここでは、行政府にたいする司法部の独立を認めることができるが、裁判を直接担当する裁判官の独立が保障されていないことは明白である。

司法部の独立

明治憲法下では、裁判官も検察官も同じ司法省の管轄下にあり、司法部を構成していた。それだけに、司法部が独立しただけでは裁判所の独立にはならなかったし、裁判所が独立しても、個々の裁判が独立して行われるかどうかはわからなかった。そこで考えられるのは、個々の裁判を独立させるため、大審院長といえども干渉することのできない、裁判官一人ひとりの独立が必要ではないか、ということである。この裁判所の独立と裁判官の独立という、必ずしも同じでない二つの問題が、昭和憲法では、つぎのように処理されている。「すべて司法権は、最高裁判所及び法律の定めるところにより設置する下級裁判所に属する。」(第七六条第一項)

裁判所の独立

まず、裁判所の独立である。この規定につぐ第二項で、陸・海軍軍法会議のような特別裁判所は設置できなくなったし、行政裁判所のように、行政機関が終審として裁判を行うことも禁止された。国会の訴追委員会により罷免の訴追をうけた裁判官を裁判する弾劾裁判所(第六四条)や、両議院がそれぞれ行う、議員の資格に関する争訟の裁判(第五五条)のように、憲法自身が例外を設けている場合以外は、司法権はすべて最高裁判所と下級裁判所(高等裁判所・地方裁判所・家庭裁判所・簡易裁判所)に属する。裁判所の独立といってよいであろう。

規則制定権

昭和憲法はさらに、この裁判所の独立を保障するため、二つの方法を採用している。その一は、最高裁に、「訴訟に関する手続、弁護士、裁判所の内部規律及び司法事務処理に関する事項について、規則を定める権限」(第七七条第一項)を認めたことである。この規則は、検察官も従わなければならない(同条第二項)。この最高裁判所規則は法律に優先するわけではないが、法律に抵触しない限り、裁判に当って、裁判所の独自の意思が尊重されるという趣旨である。

違憲審査権

第二は、憲法第八一条の認める裁判所の違憲審査権であるが、この権限はつぎの権力の分立の節で、改めて検討することになる。裁判所はすべて、その裁判を行うに当って適用しようとする法令が、憲法に適合するかしないかを判断することができる。このことは、国会(法律・予算)や内閣(政令・行政処分)からの裁判所の独立を意味しているが、時にはそれ以上の意味(司法優位)をもちかねない。三権の牽制・均衡の問題として検討される所以である。

裁判官の独立

つぎの問題は、裁判を公正にするために必要な、裁判官の独立である。「すべて裁判官は、その良心に従ひ独立してその職権を行ひ、この憲法及び法律にのみ拘束される」(第七六条第三項)。裁判所の独立した地位を保障する違憲審査権と、その職務執行に当って憲法・法律以外のいかなるものにも拘束されない裁判官の独立した地位とは、相互に補完しあう。

裁判官は行政官とちがって、その職務執行に当って上司をもたない。裁判官は、単独の場合はもちろん合議で裁判をする場合にも独立である。最高裁判決にみられる一人ひとりの裁判官、あるいは数人での反対意見や補足意見はそのあらわれである。下級裁判所の判決には少数意見を付す慣行はないが、裁判官の独立を保障するためには、それを禁止する憲法上の理由はない。裁判官はしたがって、自己の、裁判官としての職業上の良心にもとづいて裁判をする。他人の掣肘《せいちゅう》をうけない。ここでの「良心」とは、憲法第一九条の、市民的自由としての良心と同じではない。裁判をする裁判官の良心は、その個人的思想・信条によって左右されるものであってはならない。カトリック信者である裁判官でも、離婚を認める判決を書くことが、その「良心」に反するわけではないし、共産主義者である裁判官が労働事件で労働者側に不利な判決を下したからといって「良心」に反するわけでない。したがって、裁判官が、その職業的良心と個人的良心の矛盾になやむことがあるのは不思議ではない。

裁判官は、窮極的には、憲法のみに拘束される。もちろん、裁判においては、法律、命令、条例、規則等々、国および地方自治体の法令に拘束されるが、それは法令が憲法に適合している場合だけである。違憲の法令に拘束されないのは裁判官だけでなく、憲法の尊重・擁護の義務(第九九条)を負わされているすべての公務員も同じであるが、裁判官の場合、違憲・合憲の判断を自ら、最終的に行うことができるという点で、他の公務員とは拘束のされ方がちがっている。

昭和憲法は、裁判官の独立を保障するため、法的・経済的な保護規定をおいている。

裁判官の身分保障

裁判官は、「裁判により、心身の故障のために職務を執ることができないと決定された場合」および「公の弾劾」によって罷免される場合以外には、罷免されることはない（第七八条）。国会に設けられる弾劾裁判所は、「一　職務上の義務に著しく違反し、又は職務を甚だしく怠つたとき。二　その他職務の内外を問わず、裁判官としての威信を著しく失うべき非行があつたとき」（裁判官弾劾法第二条）にのみ、同じく国会に設けられた訴追委員会の訴追をうけて裁判官を罷免することができるのである。裁判官は、その職務を正常に行っている間 during good behavior は罷免されないというのが、イギリスの王位継承法（一七〇一）以来の慣行である。それ以前は、君主の御意の召す間 during good pleasure だけしかその地位は保障されなかった。そのことが裁判をどれだけ恣意的な、不公正なものにしたかは、いまさらいうまでもない。

裁判官には経済的保障もある。最高裁判所、下級裁判所を問わず、「裁判官は、すべて定期に相当額の報酬を受ける。この報酬は、在任中、これを減額することができない」（第七九条第六項、第八〇条第二項)。「相当額の報酬」では、どの程度裁判官の独立を確保するための経済的保障になるか明確でないが、憲法上裁判官の報酬だけが特別に規定されていることの趣旨は明白であろう。裁判官の報酬等に関する法律によって、裁判官の報酬は一般の行政官の二倍以上になっている。

さて、以上にのべてきた現行憲法の諸規定は、明治憲法下の、菊の紋章をかかげた天皇の裁判所と裁判官のあり方にたいする反省と、民主主義的な裁判のあり方についての歴史的経験から生れたものである。したがって、裁判についての憲法規範が実現すれば、日本の裁判は公正で、信頼のできるものになっているはずである。しかし、ここでも、憲法規範と現実の裁判の乖離が問題にならざるをえない。

明治以来、日本の政治は腐敗しているが、裁判だけは公正で、不偏不党であるという評価が一部にあった。大津湖南事件がこのような評価を高めてきたことはたしかである。この評価にはある程度根拠があった。明治政府は藩閥政権の名前どおり、薩長土肥の雄藩出身者によって占められていた。出世の道のせまい小藩出身の英才が裁判官になったため、法を適用する裁判官は、行政官に比較して清廉潔白の士が多いと思われてきた。また、明治憲法下の裁判官は、「天皇ノ名ニ於テ」(明治憲法第五七条)裁判を行うという規定を楯にとって、裁判にたいする政治的干渉を防止した、という話もある。

敗戦後、占領下の公職追放により、治安維持法を執行した内務省の高官や政治警察の幹部職員の多くは一切の公職から追放された。しかし、治安維持法違反事件で予審を行い、被告人を有罪としてきた裁判官の中からは一人の追放者もださなかった。

公職追放と裁判官

裁判官から一人の公職追放該当者もださなかったということは、天皇制統治機構の司法部門の非政治性を示すと同時に、そのことが司法部内に戦後長い間天皇制的性格をのこす原因になったように思われる。治安維持法で起訴された被告人を、証拠不十分でも無罪とせず、しかし求刑より罰を軽くするとか執行猶予をつけるというのが裁判官の「良心」と思われた時期がある。これを良心的態度とみるか、権力追随とみるかで裁判官の評価は大きく変ってくる。私は後者と考えるから、裁判官に違憲審査権の行使が期待される現在なお、極端に消極的で、国会の立法、内閣の行政のすべてを正当化する傾向の強い裁判所に、戦時中の名残りを感じてしまうのである。

裁判官の任命

裁判所、とくに最高裁判所の権力追随的傾向は、憲法が定めた内閣による任命制と、この制度の最悪の実施形態である自民党単独政権の三八年にわたる永続化によって限りなく助長されてきた。最高裁長官は、「内閣の指名に基いて」(第六条第二項)天皇が任命する。長官以外の一四名の裁判官は、内閣が任命する(第七九条第一項)。「下級裁判所の裁判官は、最高裁判所の指名した者の名簿によつて、内閣でこれを任命する。その裁判

官は、任期を十年とし、再任されることができる。」(第八〇条第一項)

裁判官の任命を内閣にゆだねている憲法規定に問題があると考えることもできる。しかし、それ以上に問題なのは、政党間で交替することが前提となっている内閣が、自民党一党の手に三八年もにぎられていたという政治的事実である。任命権者が一世代以上自民党内閣であれば、自民党の基本政策に公然と批判的な裁判官は最高裁からは一人もいなくなるのは当然である。自民党内閣の裁判官任命をチェックする制度は、法的にはもちろん事実上もなに一つない。そして自民党内閣の基本政策は、なによりも日米安保体制の堅持であり、「ソ連の脅威」に備える自衛隊の強化であり、労働者の基本権の抑制であるから、すでに第九条のところでのべた、憲法訴訟の結果がはじめから予測されるのであった。自民党が党是とする「自主憲法の制定」すなわち現行憲法の改正を考えると、そのような自民党の内閣だけが一九五五年から九三年まで、すべての裁判官を任命してきたという事実は、行政部門の担当者のすべてが同じ政党内閣によって任命されてきた事実とならんで注目しておく必要がある。

そもそも、最初の最高裁長官三淵忠彦が任命された一九四七(昭和二二)年八月の内閣は、社会・民主・国民協同三党連立の片山内閣であった。四月選挙で社会党が第一党になり、自民党を野党として成立した内閣である。この内閣は、裁判官任命諮問委員会をつくり、その答申にもとづいて一五人の最高裁裁判官を任命した。最高裁の出発に当っての、裁判官任命についての慎重な方式は、片山内閣の退陣とともになくなってしまうが、自民党が野党となり、社会党をふくむ細川連立内閣の登場した現在、もう一度考えてみる必要がある。

三淵長官時代は、重要な憲法訴訟の判決には、ほぼ例外なく少数意見が付されるほど、裁判官相互の討議は活発であった。憲法判例がまだなに一つ確立していなかったし、一五人の裁判官の経歴、思想・信条がきわめて多彩であった。しかし、

最高裁の原型

吉田内閣が任命し、一九五〇(昭和二五)年から一〇年つづいた田中耕太郎長官時代に、自民党的最高裁の原型がほぼ形成された。その原型とは、最高裁事務総局を拠点とする司法官僚が組織の中心となり、政治性のある事件はすべて自民党の基本政策に適合するように処理する全員一致型の裁判所である。

もちろん、横田喜三郎、横田正俊と二人の長官をへて石田和外が長官になった頃には、司法行政にあらわれる反動化と労働基本権をめぐる労働組合に有利な判決が、最高裁の「二つの顔」といわれた時代もあった。「司法の反動化」といわれたのは、青年法律家協会のような民主団体に加盟している特定裁判官の再任拒否、司法修習生の不採用、最高裁事務総局の青法協加盟裁判官にたいする脱会強制など、裁判官個人の思想・信条の自由をじゅうりんした諸事件である。もう一つの顔の方が、どのようにして生れ、どのように挫折したかは、Ⅴの3、労働基本権をのべるところで説明したい。

村上朝一長官(一九七三―七六)、藤林益三(一九七六―七七)、岡原昌男(一九七七―七九)とつづく頃は、例外的にだされる違憲判決が世間の注目を引くにとどまった。経済的自由を規制する薬事法違憲判決(一九七五年四月三〇日大法廷)、衆議院の議員定数不均衡を違憲とした判決(一九七六年四月一四日大法廷)、などがあるが、現業公務員の選挙運動を処罰した猿払事件判決(一九六四年一一月六日大法廷)、入社試験での思想調査を公認した三菱樹脂事件判決(一九七三年一二月一二日大法廷)など、司法行政同様に反動的な合憲判決は、違憲判決をはるかに上廻っている。

そして現在、服部高顕(一九七九―八二)、寺田治郎(一九八二―八五)、そして、裁判官生活三六年中十余年の長きにわたって最高裁事務総局にいた矢口洪一が一九八五(昭和六〇)年から一九九〇(平成二)年まで長官となって「矢口体制」を確立する。この間、一五人中一〇人が定年退官し、補充人事は内閣総理大臣が長官との合意をえて行うのが慣行だというから、司法官僚の頂点にいる矢口との合意がどのような影響を最高裁のその後に与えたか、注目に値する。

そして最後に、自民党政権の細川連立内閣との交替がくる。

4 権力の分立

昭和憲法の章別構成をみると、統治機構は第四章国会で始まり、第五章内閣、第六章司法とつづき、第七章財政、第八章地方自治となっているから、国家権力は立法、行政、司法の三権に分類され、それがそれぞれ国会、内閣、裁判所という国家機関にゆだねられていることがわかる。明治憲法では制定者によって否定されていた三権分立論の採用である。この理論のもつ思想史的問題にはのちにふれるとして、ここではまず、日本の憲法における権力の分立の実態から検討していくことにしよう。

国会と内閣

第一に検討しなければならないのは、国会と内閣の関係である。立法権と行政権の関係といってもよい。

憲法の規範としては、国会が国権の最高機関であり、議院内閣制といわれるように、内閣の存続は国会の信任に依存することになっているが、憲政の実態は「内閣政治」となっていることはすでにのべた。この規範と実態の乖離を、より日本的な形で示す問題として、衆議院の解散がある。

憲法第六九条はいう。「内閣は、衆議院で不信任の決議案を可決し、又は信任の決議案を否決したときは、十日以内に衆議院が解散されない限り、総辞職をしなければならない。」

衆議院の解散

明治憲法にも衆議院解散(第四四条第二項、第四五条)はあった。解散を命ずるのは天皇(第七条)であり、この解散権の行使にはなんの制約もなかった。「衆議院を解散するは更に新選の議院に向て輿論の属する所を問ふ所以なり。」(前掲『憲法義解』三

一頁)

立憲君主制のイギリスでは、解散権は名目上国王にあるが、行使を決定するのは内閣である。衆議院の多数意見と国民の世論のずれが解散の原因となる。世襲議員のいる貴族院には解散はない。明治憲法はこの考え方を引き継いだ。イギリスの一七世紀が教えるように、「憲法闘争」は国王と議会、とりわけ、衆議院との闘争であり、解散は、国王と衆議院の闘争を平和的に解決する一つの手段であった。解散を命ずるのは国王であるが、それに結論を下すのは国民であった。

昭和憲法では、衆議院の解散は天皇の国事行為の一つ(第七条三号)となり、その助言・承認者が内閣であることははっきりしている。しかし解散の実質的決定権をもつのはだれか、憲法は明記していなかった。右に引用した第六九条は、解散を決定するのは内閣だと読めないことはないが、しかし、それは「衆議院で不信任の決議案を可決し、又は信任の決議案を否決したとき」に限られている。このとき以外にも解散があるとすれば、その場合にはだれがそれを実質的に決定するのか。憲法第六九条以外の場合、衆議院を解散することはできないという学説さえある。

第七条説　自民党内閣は、いついかなる場合でも、衆議院の解散を決定できるのは首相だと考え、それを慣行としてきた。それは、第七条説ともいわれる。衆議院の解散を国事行為として命じるのは第七条三号により天皇であり、それを実質的に決定するのは助言・承認者である内閣だと考える。そして内閣の解散の意思は首相にゆだねられる。この第七条説の解釈論上の二重、三重の誤りについては改めてのべない。ここでは、占領終了以降、それが日本の憲政の慣行となっていることを指摘しておけばよい。

内閣を総辞職にまで追いつめることのできる衆議院の内閣不信任決議と、内閣が事実上もっている広範な衆議院解散権は、国会と内閣の相互の厳しいチェックを可能にする制度としての意味をもっている。

国会と裁判所

国会と裁判所、立法権と司法権の関係はどうか。国会が制定する法律に従って裁判所が裁判を行う限り、国会は優越的であり、さらに、裁判官を裁判する弾劾裁判所の設置や、国政調査権まで考えると、国会の最高機関性は明白である。この国会の立法機能に正面から対決するのが、裁判所の違憲審査権である。

憲法第八一条によれば、「最高裁判所は、一切の法律、命令、規則又は処分が憲法に適合するかしないかを決定する権限を有する終審裁判所である」。終審としてでなければ、下級裁判所も、一切の法律、命令などの違憲審査を行うことができる。

最高裁判所の違憲審査は、法令そのものについて一般的に行うのではなく、個々の具体的事件に法令が適用されるときに行うというのが判例であるから、違憲判決がでても、その法令が直ちに無効になるわけではない。ただ、ある法律の一部または全部が違憲という判断が最高裁でくりかえされ、それが判例となれば、国会はそれを改正するか廃止せざるをえなくなるであろう。したがって、最高裁が積極的に違憲審査権を行使するアメリカ合衆国では、権力の分立の厳格な適用を目指す合衆国憲法の下で、司法の優位 Judicial Supremacy ということがいわれるほどである。

マッカーサー草案の試み

昭和憲法では、国会が国権の最高機関である。この国会の最高機関性と司法優位の可能性の衝突をさけるため、マッカーサー憲法草案では、つぎのような興味ある試みがなされていた。憲法第八一条に当る、草案第七三条は、こう規定している。

「最高法院ハ最終裁判所ナリ　法律、命令、規則又ハ官憲ノ行為ノ憲法上合法ナリヤ否ヤノ決定カ問題ト為リタルトキハ憲法第三章ニ基ク又ハ関連スル有ラユル場合ニ於テハ最高法院ノ判決ヲ以テ最終トス　法律、命令、規則又ハ官憲ノ行為ノ憲法上合法ナリヤ否ヤノ決定カ問題ト為リタル其ノ他有ラユル場合ニ於テハ国会ハ最高法院ノ判決ヲ再審スルコトヲ得」

マッカーサー草案はアメリカ流の違憲審査権を最高裁に認めはしたが、それを国会の最高機関性と調和させるため、憲法第三章の基本的人権に関する場合以外は、国会は、三分の二の賛成があれば、違憲判決を破棄することができるとした(草案同条第二項)。ちなみに、マッカーサー草案の国会は一院制である。この一院制を二院制にし、国会の違憲判決の再審制を削除させたのは、幣原内閣である。この結果、マッカーサー草案にすでにあった国会の最高機関性は、司法権との関係では大幅に制約されることになってしまった。

最後の問題は、内閣と裁判所、行政権と司法権の関係である。

内閣と裁判所

ここではすでにのべたように、三八年つづいた自民党内閣のもとで、内閣の裁判官任命権が、裁判所の自民党的性格を強めてきたことが特記される。日本の「内閣政治」は、立法権を支配するだけでなく、司法権をもコントロールすることにより、「法の支配」の外観さえとることができた。この「内閣政治」、行政権の専制に対抗できるのは、裁判所の違憲審査権の積極的な行使と、中立・公正な裁判による「内閣政治」の生む腐敗の処罰でしかない。

砂川事件の東京地裁判決、長沼事件の札幌地裁判決のように、裁判官が自らの立身出世を断念して違憲審査権を積極的に行使すれば、司法権は行政の恣意をコントロールすることができる。自民党の長期政権が崩壊した今日、内閣の裁判官任命が党派性をさけるなんらかの方法(たとえば、法曹三者——裁判官・弁護士・学者——による裁判官任命諮問委員会)が考案されるなら、下級裁だけではなく、最高裁の判決は変化するし、なによりもまず、減少の一方をたどる少数意見が少しずつ増加するにちがいない。

たまたまロッキード汚職で一審、二審とも有罪になり、上告中の元首相田中角栄が死亡して、自民党政権の終焉が語られつつある。検察庁による「内閣政治」が生みだす腐敗の摘発が十分でないことも問題であるが、その摘発した極端な例だけでも、裁判所がそれに迅速で公正な判決を下すことのもつ影響力ははかりしれないものがある。

権力分立の理論は、もともと、専制君主の大権を制約するため、国家の自由主義化を求める政治思想家が考えだしたものである。名誉革命（一六八九）を理論的に擁護するジョン・ロックの『政治論』（一六九〇）、フランス絶対主義に批判的なモンテスキューの『法の精神』（一七四八）、その権力分立の理論は君主の大権を抑制しようとしたからこそ、市民革命の理論となりえたのである。

しかし、明治憲法下の日本のように、権力の分立が公然と否定されたり、認められてもそれが市民革命を防止する役割を果す国もあったことを忘れるべきではない。

『憲法義解』は、「西暦第十八世紀の末に行はれたる三権分立して君主は特に行政権を執るの説の如きは、又国家の正当なる解義を謬る者なり」（二七頁）と断定している。ところが、明治憲法の東京大学での最初の解説者であった穂積八束は、立憲政体とは権力分立を主義とするものと主張した。そのねらいは、発足した帝国議会、とりわけ衆議院における民党の勢力をおさえることにあった。穂積説に正面から反対した美濃部達吉は、立憲制とは議会主義であるとした。明治から大正にかけて、公法学界を二分してたたかわれた大論争の、保守派が権力分立で進歩派が議会主義であったということは、権力の分立と議会制民主主義を考える場合きわめて教訓的である。三権分立論で大切なのは、国家権力をただ分けることや、分けた三権をどう調和させるか(牽制均衡 checks and balances)ではなく、どの権力をどの権力がおさえるか、どの権力が三権統合の中心となるか、なのである。

明治憲法下の憲法および憲法学の歴史を反省しながら、昭和憲法の三権分立の諸規範をみると、その評価はきびしいものにならざるをえない。

三権分立の現状

その第一は、議会制民主主義と司法優位の共存である。この原理的矛盾が顕在化しないのは、「内閣政治」によって、国会と裁判所の双方がコントロールされてきたからである。もし国会が国民の多様な要求にこたえて、積極的な立法活動を行い、国権の最高機関として国政への監督機能を果すようになり、裁判所も権力追随的傾向を清算して、憲法、法律にのみ拘束される公正な裁判を行うのであれば、内閣は議院内閣制本来の行政機関とならざるをえない。しかし、そのときには、昭和憲法自身のもつ矛盾、議会制民主主義と司法優位の共存が改めて現実の問題になるであろう。

第二に、今日の三権分立論は、国会と裁判所の権限を抑制するように働くが、かんじんの「内閣政治」を抑制するようには働かない。国会の両院が国政調査を行う場合、ロッキード汚職はその典型であるが、司法権が発動されると、証人喚問は中止されるのが例になっている。「司法権の独立」にいささかでもふれるような国政調査権の発動はきびしく自制されている。また、裁判所は、抽象的・一般的な法令の違憲審査を自制するだけでなく、国の存立の基礎にかかわる高度に政治的な事件は裁判になじまないとして、内閣の重要な行政権の行使を裁判の対象からはずしている。いわゆる「統治行為」論は、特定の国の行為を三権の上におくものである。

俗流の三権分立論

俗流の三権分立論では、立法権にも司法権にも属さない国の権限はすべて行政権に流れこみ、内閣の権限と推定される傾向が強い。衆議院を解散することは、立法でも司法でもないから行政行為であり、したがって内閣の権限に属す、というふうに。

第三に、右のような三権分立論によって権力分立の精神にもっとも反する結果がもたらされるのは、国家権力の理論的な分立(立法・行政・司法)と制度的な分立(国会・内閣・裁判所)という異なるものが意識的に混同されているからである。弾劾裁判所は司法権を行使するのに国会に設置されているように、会計検査院の国の収支決算の検査は行政であるが、内閣の外におく方が合理的だという考え方がある。第四の権力を認めるわけである。権力の分立は三権分立でなければならないというわけではない。問題は、この理論のもともとの精神である。

5 地方自治

定説なし

昭和憲法が制定され、その第八章に地方自治が規定されて以来、地方自治が憲法の原則であることを否定する者はいない。しかし、地方自治とはなにか、それはどうあるべきかということになると、憲法施行後半世紀になる今日なお必ずしも定説があるわけではない。それには、それなりの理由がある。

昭和憲法の制定に当って、当時発表されていた民間の憲法草案をすべて検討していた占領軍総司令部は、「目立って欠けていたのは、地方自治に対する何らかの提案であった。これは容易に理解しがたいことである」(『日本の政治的再編成』)と、本国への報告書に書いている。一九四六(昭和二一)年三月六日の政府案発表以前に、地方自治を憲法の原則としている憲法草案は、右は進歩党から左は共産党まで、どこにもなかったことはたしかである。

地方制度と地方自治

敗戦直後の日本で、地方自治が新しい憲法の原則でなければならない、と考える者がいなかったのはなぜか。答えは簡単である。その当時まで、日本には、地方制度はあったが地方自治は存在しなかったからである。一八八八(明治二一)年に市制・町村制が、一八九〇(明治二三)年には府県制・郡制が制定されているが、それらはすべて国家の地方組織であり、そこでは国の事務の地域的再分配が行われただけである。天皇制官僚中のエリートを集めた内務省を中心に、そこから派遣された知事を首長とする府県、そのきびしい監督下にある市町村、そこに地方の住民は生活していた。日本には、ヨーロッパのように、中世以来の伝統を誇る自由都市もなければ、自立性を維持できる農村の共同体もなかったから、中央集権的明治国家の成立に当って、地方自治を主張する母体がそもそも存在しなかった。府県は封建時代の藩の再編成であり、市町村は、現実の生活単位である部落を超えた行政区画であった。明治憲法が発布された年、それまで七万以上あった町村が、町村合併の結果一万五千余に激減している。この数は、それから一世紀をへた現在、五分の一の三千余りに、さらに激減しているのである。戦前・戦後をつうじて日本の市町村は、合併をくりかえし、その行政規模を拡大することに専念してきたのではないか、とさえ思われる。

地方自治の本旨

したがって、憲法第八章が地方自治とされ、その冒頭に、「地方公共団体の組織及び運営に関する事項は、地方自治の本旨に基いて、法律でこれを定める」(第九二条)という条文がおかれたとき、「地方自治の本旨」とはなにかが問題とならざるをえなかった。日本国民にとって、「地方自治の本旨」とはなにかという問題は、これから地方自治をいかにして創造するかという問題でもあった。

昭和憲法が新しく規定した地方自治は、過度に中央集権化した天皇制国家と、その地域的再分配としての地方制度にたいして存在理由をもつものであることはいうまでもない。とすれば、地方自治は第一に、国民一般に解消されない地域住民の生活上の利益を守るものでなければならない。画一化しがちな国家的、国民的政策にたいして、地方的、地域住民の具体的利益を守るのが地方自治の本旨である。そのことは第二に、中央集権的な国家の民主主義政治を、地方的に補完し、徹底させるのが地方自治の本旨であることを教える。一億二千万を超える人口と風土も文化も多様な土地を統治する国家は、その規模の大きさのゆえに間接民主制の形をとらざるをえない。主権をもつ国民と、主権の行使を委託された国家の間に生じる間隙をうめ、可能な限り直接民主制の長所をとりいれて、下からの民主主義をおし進めることができるのが地方自治である。

生活共同体

地域住民の、地域住民による、地域住民のための政治、が地方自治だとすると、地方自治体は、生きた生活単位であり、住民が政治に容易に参加しうるような区域のものであることがのぞましい。今日でもヨーロッパには、中央に広場をもち、教会と役所がそこにある小都市はいくつでもある。広場は市場にもなるし、政治的討論の場所にもなる。かつてはそこで、犯罪人の刑が執行された。地域住民はそこで、全生活をともにしながら、市民として成長する。フランスでは、市町村をひとまとめにしてコミューン commune というが、それは、文字どおり、市民が全生活をともにすることを意味している。日本の人口の半分にも達しないフランスで、コミューンの数が日本の市町村の一〇倍もあるということは、フランスと日本の地方自治のあり方の相違を象徴的に物語っている。もちろん、地方公共団体の自立性についての相違である。

地方公共団体

昭和憲法自身は、地方自治の主体となる地方公共団体について、具体的に規定していない。それを規定するのは、憲法とともに出発した地方自治法(一九四七・昭和二二年)であり、同法は、普通地方公共団体として、都道府県と市町村という、明治憲法下と同じ組織形態を採用した。ただ戦前と質的に異なるのは、都道府県より市町村の方が「基礎的な地方公共団体」(地方自治法第二条第四項)として重視されていることである。憲法自身は都道府県と市町村を直接区別しているわけではないが、「地方自治の本旨」からみれば、市町村が都道府県より基礎的なことはいうまでもない。

憲法第九三条により、「地方公共団体には、法律の定めるところにより、その議事機関として議会を設置する」(第一項)だけでなく、「地方公共団体の長、その議会の議員及び法律の定めるその他の吏員は、その地方公共団体の住民が、直接これを選挙する」(第二項)ことになった。天皇の勅任官であった都道府県の知事を、憲法上住民の公選としたことは、明治憲法下の官僚的地方制度を一八〇度転換する変革であった。かつて、徳川幕藩体制下の藩主に代って府県知事になったのは天皇の任命する内務官僚であったが、新憲法の下で、それが住民が直接選ぶ住民の代表者になった。
憲法第九四条は、地方公共団体に、行政的かつ立法的自立性を認めている。「地方公共団体は、その財産を管理し、事務を処理し、及び行政を執行する権能を有し、法律の範囲内で条例を制定することができる。」

直接民主制

地方公共団体の行政的・立法的自立性は、地方自治法により、国政にはない直接民主制的方法を加味してその実現がはかられている。同法第五章の直接請求には、以下の規定がある。その第一は、条例の制定・改廃の請求である(第七四条)。有権者総数の五〇分の一以上の連署をもって、その代表者が首長にたいし条例の制定・改廃の請求をしたときは、首長は直ちに請求の要旨を公表し、請求受理の日から二〇日以内に議会を招集し、意見を付して議会にかけ、その結果を代表者に通知するとともに、公表しなければならない。第二の、地方公共団体の事務についての監査の請求は、五〇分の一以上の連署で、監査委員にたいして行われる(第七五条)。第三に、地方議会の解散の請求がある(第七六条)。有権者の三分の一以上の連署で選挙管理委員会にたいしてなされ、解散の是非は住民の投票(過半数の同意)で決定する。第四に、選挙区の有権者の三分の一以上の連署による議員の解職の請求(第八〇条)、第五に、同じ連署による長の解職の請求があり(第八一条)、双方とも投票の過半数で解職が成立する。第六に、副知事、助役、出納長その他一定の役員にたいする解職の請求がある(第八六条)。三分の一以上の連署が必要なのは同じだが、解職を決定するのには当該地方議会で、三分の二以上の出席議員による四分の三以上の同意が必要になる。首長や議員の公選だけでなく、地方住民のイニシャチブ、リコールの権利を認めている地方自治法のこの部分は、「地方自治の本旨」が、住民による民主主義の徹底化にあることをよく示している。

憲法はさらに、「一の地方公共団体のみに適用される特別法は、法律の定めるところにより、その地方公共団体の住民の投票においてその過半数の同意を得なければ、国会は、これを制定することができない」(第九五条)と規定する。広島平和記念都市建設法(一九四九・昭和二四年)、長崎国際文化都市建設法(同年)、東京都における首都建設法(一九五〇・昭和二五年)などがその具体例である。この特別法については、制定手続が複雑なわりに、国から財政的裏付けを得られるわけではないので、しだいに軽視されるようになっている。また、北海道開発法(一九五〇・昭和二五年)のように、北海道の住民生活に直接関係のある法律が、全国的な観点からの「開発」ということで特別法のあつかいを受けない例もある。「一の地方公共団体のみに適用される特別法」が、必ずしも地域住民に有利に解釈されていない。

以上、地方公共団体の公選・条例・特別法を三本柱とする地方自治の本旨の、法令上の具体化をみてきたが、ここでも問題は、中央・地方政治の現実が、この戦後まったく新しく発足した憲法・地方自治法の諸規範をどのようにうけとめているかである。このうけとめ方には、当然のことながら、時代による激しい変遷があり、現在はなおその変遷の渦中にあるといっても誤りではないかもしれない。

地方分権の挫折

占領中に、新憲法の制定とともに、戦前の過度に中央集権化した官僚的行政への反省から、地方への明確な権限委譲が行われたものに、警察と教育がある。公選首長と地方議会の下におかれた自治体警察と地方教育委員会が、地方の民主化を保障する画期的新制度であった。しかし、新しい制度を財政的に支える税制が整備されず、財源に乏しい小都市は自治体警察の返上をはかり、一九五一(昭和二六)年には、自治体警察と国家地方警察のバランスがすでに事実上逆転している。占領の終った一九五四(昭和二九)年の乱闘国会では、自治体警察は廃止になり、国務大臣を委員長とする国家公安委員会のもとに、府県警察としての全国的再編成がなされている。この警察の中央集権化と並行して、地方自治庁(一九四九・昭和二四年)の自治省(一九六〇・昭和三五年)への昇格があり、一九五四(昭和二九)年という年は、自衛隊の創設もあって、中央集権化への巻き返しが目立っている。

教育の分野では、一九五六(昭和三一)年の「地方教育行政の組織及び運営に関する法律」による、教育委員の公選から任命制への切りかえが注目される。そのこと自体、教育の中央集権化を意味するわけではないが、文部省による教育の中央統制のため、任命制となった教育委員会の果す役割は軽視できない。それは、任命権者である地方公共団体の長と、同意が求められる地方議会の政治的性質にかかわる問題である。

新憲法の下で、警察と教育を中心にして行われた地方自治の強化策が、ただちに後退してしまった原因の一つは、当時の地方にそれを定着させようとする住民意識がまだ育っていなかったことにある。一九四七(昭和二二)年四月の統一地方選挙で、選挙直前までは勅任の知事で立候補し、当選して公選知事となった者が二三人もいた。四六都道府県のちょうど半数である。それに内務官僚出身の七人の当選者を加えると、新しい都道府県の約六五%が、戦前と同じ内務官僚によって運営されることになった。中央の内務省は解体されたが、内務官僚は公選によって地方に生きのこった。公職追放で一切の公職から追放された官僚・政治家・軍人などが、地方に散ってその勢力を温存したことも軽視できない。地方の保守的性格が地方自治の発足に暗いかげをなげかけていた時期がたしかにある。

革新自治体

一九五〇(昭和二五)年四月、蜷川虎三が京都府知事に初当選して以来、保守党内閣に批判的な「革新自治体」が各地に生れるようになる。一九六〇年代の後半からその傾向が強まり、一九七七(昭和五二)年には、京都・大阪・岡山・東京・神奈川・埼玉・三重・沖縄の八都府県、それに五〇近い市が革新自治体となった。そこに住む人口は四八〇〇万、日本の総人口の四二%を超えていた。しかし七九(昭和五四)年には自治体数二一六のピークに達した革新自治体も、八〇年代になると前進がとまってしまう。

九〇年代になるまでに革新自治体の数が半減する直接の理由は、中央政治とは異なる地方政治における政党の組合せの変化である。革新自治体を推進してきたのは社会党と共産党の協力であったが、一九八〇(昭和五五)年の社公合意(「日本社会党と公明党の連合政権についての合意」)以降、社会党は共産党との協力を拒否するだけでなく、与党自民党と協力し、自民・社会・公明・民社四党が共同で自治体首長の選挙にのぞむ場合が多くなった。このようにしてできた、自社公民を与党とする地方自治体では、ほとんど批判勢力のない翼賛型の地方自治が現出する。

翼賛型地方自治

この翼賛型地方自治を実質的にコントロールしているのが、中央官僚の相変らぬ天下り人事である。中国新聞(一九九三年三月一日)によると、九三(平成五)年二月現在、官僚出身の知事は二四名、もちろん自治省出身が一六名で最多。政令指定都市は北九州市と福岡市の二名。国から都道府県、政令指定都市の管理職(課長級以上)への出向は計六四二名(都道府県五八六名)、四七都道府県全体に及んでいる。副知事は二三名である。この天下り官僚の地方支配は、最近急速にたかまっている「地方行革」や各種の「地方分権」論と決して無関係とはいえない。市町村合併、都道府県の合併や道州制の検討という「広域行政」の推進は、大企業本位の経済効率だけを考えた、五〇年代以来の古典的地方改革である。私がすでにのべた「地方自治の本旨」と相容れるものでないことは明白である。また、「地方分権」の名のもとに、国から自治体への財源保障のない事務移譲が行われる。

V　国民の権利と義務

1　基本的人権

世界人権会議

一九九三(平成五)年は、国連の第三回総会で、世界人権宣言が採択されて四五周年であった。それを記念して四月に、国連の世界人権会議アジア地域会合がタイのバンコックで開かれ、六月には、オーストリアのウィーンで、世界人権会議の本会合が開かれている。いずれも国連加盟国の政府代表だけでなく、各国のＮＧＯ(非政府組織)のメンバーが大量に参加しているので、九三年は人権にかんする国際年となった観が強かった。

人権が国際的な問題になるにつれて、人権についての考え方が国家間で異なることがはっきりしてきた。世界人権宣言が起草された四五年前には、社会主義国と資本主義国の意見のちがいがきわだっていた。しかし、現在では、先進国と発展途上国の間に意見の対立があることが、バンコックでもウィーンでもはっきりした。人権は世界中どこにおいても普遍的に妥当すると一般に考えられているが、国際的に討議される機会があると、そこには必ず国家のちがいが投影されている。その現実を否定することはできない。なぜそうなるのか。「人権」という概念に則して考えてみたい。

人権と国家　人権を、法律、憲法、国際法、いずれにしても、法の世界でとらえようとすると、国家の問題を抜きにできないことがすぐわかる。『人権宣言集』(岩波文庫)を開くと、イギリスのところに、名誉革命の産物である「権利章典 Bill of Rights」(一六八九)があり、フランスのところには、大革命の出発を飾る「人間および市民の権利宣言 Déclaration des droits de l'homme et du citoyen」(一七八九)がのっている。いずれも人権の歴史を語る場合欠くことのできない資料である。

権利章典　このイギリスの「権利章典」にはイギリス人の権利が、フランスの「人権宣言」には、人間および市民の権利がのべられていると考えるのが普通である。しかし、直接資料に当って、条文のすべてを読んでみると、読むまえの先入観はただちに修正しなければならなくなる。

「権利章典」は議会の制定した法律であるが、正式には「臣民の権利および自由を宣言し、王位継承を定める法律」である。ここには、「わが国の人民の真正で・古来から伝えられ・疑う余地のない・権利および自由」が宣言されているけれども、それらはすべて、ジェームズ二世の数々の悪政を列挙したうえで、それに対抗する権利・自由としてのべられている。イギリス人の自由や権利が抽象的かつ一般的な形で宣言されているわけではない。

フランスの「人間および市民の権利宣言」は一七条からなり、一般に「人権宣言」とよばれているように、その表現の抽象度は、「権利章典」よりはるかに高い。しかし、国民主権、総意の表明としての法、武力の設定・維持、租税の必要性、公務員の報告義務、権力の分立など、統治にかんする条文が「人権宣言」の半分近くもあることに注意を払う必要がある。

人権宣言

近代的憲法は、国家の統治と国民の人権から構成されており、人権を無視した国家論が成立しえないように、統治＝権力の問題をぬきにした人権論は憲法論とはなりえないことを、名誉革命とフランス大革命の経験が私たちに教えてくれているのである。したがって、これからのべる本章の「国民の権利と義務」には、すべてこれまで論じてきた日本の統治機構と機能の問題が前提になっているということを、ここで改めて注意しておきたい。本書の構成が統治の問題からはじまっているのは、決して偶然ではない、理論的意味があるのである。

私はここまで、「人権」という語を説明ぬきで使ってきたが、それは基本的人権の略称としてである。厳格にいえば、人権という語には、思想史的な特定の意味がある。そこで念のため、基本的人権と人権という用語の異同について、私なりの説明をしておくことにする。

基本的人権

基本的人権 Fundamental Human Rights という語は、世界人権宣言の前文にでてくるが、イギリスやフランスではそれまでに使われたことのない新しい用語であったように思われる。しかし、その後この用語はかなり一般化しており、憲法典で保障された国民の自由や権利を指すのに大変便利なので、本書でもつかっている。それを略して人権といっている場合が多い。

基本的人権という語は、権利の中でより基本的な権利を意味する基本権 Grundrecht と、自然権を意味する人間の権利 les droits de l'homme の合成語のように思われる。そもそもイギリス法では、権利はあっても、権利の上の権利という観念はなかった。世界人権宣言の起草に当って、イギリスの代表がイニシャチブを発揮できなかったのは、そのためである。フランスには人権の思想があり、ドイツでは基本権の考え方が強い。世界人権宣言の起草に当ってイニシャチブをとったアメリカ合衆国の代表が、ヨーロッパ的考え方を綜合して、基本的人権という語を考案したとすれば、この用語には、ヨーロッパにおける、長くかつ多様な人権の歴史が前提とされていたといってもよいであろう。

厳格な意味の人権

それにたいして、厳格な意味での人権とは、一七八九年の「人権宣言」、すなわち、「人間および市民の権利宣言」の用法による。一七・一八世紀を風靡した近代的自然法思想によれば、人間は、はじめは自然状態にあり、自然の権利をもつだけである。ジョン・ロック(一六三二—一七〇四)は、人間に固有の権利として、自由・生命・財産をあげた。人間が生れながらに平等であれば、いったん紛争が起きるとなかなか終らない。そこで、自然の権利をよりよく守るため、人間は同意して政府 Government をもつ社会、すなわち、市民社会 Civil Society をつくり、政府に各人の権力をゆだねた。この市民社会における権利が市民の権利である。権利をゆだねられた政府は、人間および市民の権利を守るために設けられる。それを守れなくなった政府を打倒するのは、人間に固有の権利である。これが抵抗権の思想である。

　この人間の権利＝自然権と市民の権利は、理論的には、前国家的権利と後国家的権利というように峻別できるが、現実の人権宣言の中では両者は重層的になり、その限界はあいまいである。一七・一八世紀の人間および市民の権利が「人権」と総称されるようになるのは自然である。また、二〇世紀の社会権的基本権にたいして、この意味での人権は、市民的自由と権利とよばれることもある。これが人権という語のいくつかの用例である。

　私がこのように用語にこだわるのは、同じ語に異なる意味をもたせた、非生産的議論が少なくないからである。たとえば、環境権は「人権」かと問われた場合、三通りの答えが可能である。環境権は、人間が生れながらにもっている自然権かどうか。答えは多分否であろう。環境権は、自然権でないとしても、市民的権利ではないか。そうだと肯定する答えが増えそうな気がする。さらに、環境権は、人間の生存に不可欠な環境保全を国に求める現代的な基本的権利であるという答えもある。裁判所は環境権の主張をなかなか社会権的基本権として認めようとしないが、憲法の保障するなんらかの人権と考える法律家は少なくない。「人権」という語の意味のちがいが、同じ質問にまったく異なる回答をださせることになる。これから人権論争はますます国際的になるから、無用な混乱をさけるためには、自分と相手の用語の意味にいっそう注意をはらう必要がある。

人権という語の意味の多様性は、一七・一八世紀に始まり、今日に到る人権の歴史を反映している。そのすべてをここでのべることはできないから、ただ一点、人権の主体に着目し、その変化の仕方をたどってみることにしたい。

人間から市民へ

人間の生れながらにしてもつ自然権から、政府をもつ市民社会での市民権にいたる、人間から市民への展開は、人権概念の抽象的な規定から具体的な規定への論理的展開であると同時に、未開から文明への人間社会の発展の歴史を反映している。そしてこの市民は、一九世紀の資本主義の発展にともない、資本を所有する富裕な市民と、所有しないために労働力を売らなければならない貧困な市民とに分解をとげる。資本家・経営者と労働者・勤労者への階級的両極分解である。

階級闘争と人権

一九世紀のフランスは、資本家と労働者の階級闘争がもっとも激しく闘われた国として知られている。世紀の前半に進行した産業革命により、大量の労働者が生れ、労働運動が高揚したが、はじめ労働者は団結すること自体が違法とされた。

大革命が生んだル・シャプリエ法(一七九一)は、市民個人の人権は認めても、資本家・労働者ともに、団結して行動する権利を認めなかった。したがって労働者は互助会をつくったり、政治的結社に入って、労働運動を偽装しなければならなかった。ストライキに参加した者は刑事罰を科せられるだけでなく、企業に賠償金を払わなければならない。それが一九世紀前半のフランスの労働者の状態である。労働者の団結から刑事罰がはずされ、ストライキが違法でなくなるのは一八六〇年代になってからである。フランスの労働者はこの人権のない状態にあって、七月革命(一八三〇)、二月革命(一八四八)と大衆運動の先頭に立ち、一八七一年にはパリだけでなく、リヨン、マルセーユなど地方都市においてコミューンを支配するという政治力を発揮している。一九世紀のフランスの労働運動はヨーロッパ近隣諸国の労働者に強い影響を与えた。

このフランスの一九世紀における労働者の権利の発展史は、Iの2(一四頁)でふれたダイシーのイギリス一九世紀の思想史の展開とかなりの部分対応している。

労働者の権利

二〇世紀になって、ようやく労働者は人権の主体として憲法上確認されるようになる。第一次世界大戦の終りにロシアで社会主義革命(一九一七)が成功し、敗戦のドイツでは帝制が崩壊して共和制(一九一八)になった。ソビエト・ロシア共和国の「勤労被搾取人民の権利宣言」はレーニンの起草したもので、フランスの「人権宣言」に匹敵する価値をもつと社会主義諸国で評価された。労働者・農民からなる勤労者が全権力をにぎり、勤労者が人権の主体となる原則を基礎づけたのがこの宣言である。ロシア社会主義連邦ソビエト共和国憲法(一九一八)に対抗して、ドイツの新しい資本主義憲法として成立したワイマール憲法(一九一九)では、労働者は企業所有者と同等の権利をもって経営に参加し、労働力は国家の特別の保護をうけることが規定された。ここでは、基本的人権の主体は人間および市民一般にとどまらず、労働者・被使用者が憲法上新しい基本権の主体となる。勤労者の人権にとって、一九一七―一九年は画期的な時期になる。

もちろん、このワイマール共和国がわずか十数年後には、ヒトラー内閣の成立(一九三三)によって事実上崩壊し、スターリンの独裁下に新憲法(一九三六)を制定したソ連は、ナチス・ドイツの侵略(一九四一)をうけて第二次世界大戦に突入する。ヒトラーやスターリンの戦時独裁体制の下で、いかなる形式によるものであれ、人権が現実に存在するはずがないことは史実がこれを示している。どんなイデオロギーで正当化されようと、独裁の下に人権は存在しない。

世界人権宣言

二〇世紀の人権史の後半は、第二次世界大戦の終了とともに始まる。戦争終了直後の国際世論は反戦・反ファッショ、すなわち、平和主義と民主主義への期待であり、日本が受諾したポツダム宣言も、新しい国際秩序を構築しようとする国連憲章も、当時の国際世論を反映するものであった。そして、人権についていえば、先にふれた、国連第三回総会(一九四八)で採択された世界人権宣言 Universal Declaration of Human Rights

が、戦後世界における人権の一般的基準をしめしていた。

「冷戦」の萌芽

この人権の基準としての世界人権宣言には、今日の目からみると、いくつかの問題がある。その第一は、市民的自由の保障が中心となっており、勤労者の社会的権利は認められても、物的裏付けがないという内容上の問題である。所有権(第一七条)になんの制限もないのが、その資本主義的特徴である。社会主義国ソ連、白ロシア、ウクライナなどが、最後まで起草に参加していながら結局棄権したのは、そのためと思われる。この起草過程におけるアメリカ代表とソ連代表の激しい論争は、その後の「冷戦」下におけるアメリカの反共的人権外交とソ連のアメリカ帝国主義批判の萌芽とみることができる。このとき社会主義諸国があえて反対しなかったのは、世界人権宣言が道徳的宣言にすぎず、法的拘束力をもたなかったからであろう。

南北問題

第二は、その後、五〇年代から六〇年代にかけて、アジア、アフリカの旧植民地が独立し、国連に加盟するようになると、人権にも南北問題があることがはっきりする点である。人間および市民、そして勤労者にまで、先進資本主義諸国で認められている人権のほとんどが世界人権宣言にはもりこまれているが、民族の自決権とか、平和にたいする権利、発展する権利などはまだまったく考慮されていない。私たちは、国連第二一回総会(一九六六)で、国際人権規約とよばれる二つの国際規約が採択され、両規約の冒頭の第一条に、民族自決権についてのまったく同文の規定が置かれているのを知ったとき、民族が人権の主体と考えられる時代が来たことを痛感した。そこでの民族の自決権は、自由に自らの国家をつくる権利であるだけでなく、「その経済的、社会的及び文化的発展を自由に追求する」権利と考えられている。

一七・一八世紀の啓蒙時代に、人間および市民を主体として出発した人権の歴史は、一九世紀の階級闘争時代をへて、二〇世紀の前半には、労働者・勤労者を主体と認めるようになる。そして後半には、民族が登場する。人権の問題として民族をどうみるかは、もっとも現代的な問題ということができる。

さてここで、二〇世紀のちょうど中間に制定された昭和憲法の第三章が保障している基本的人権について考えることにしよう。

人権の分類　新憲法施行の年に発表された我妻栄「基本的人権」(一九四七)は、日本国憲法の保障する人権を、一八世紀的な自由権的基本権と二〇世紀的な社会権的基本権に分類している。前者は国家権力を制限することによって実現するのにたいし、後者は国家が国民生活に積極的に関与することによって実現するものと説明される。この分類は、人権の発展の歴史を反映していると同時に、現代の人権の複雑な性格を、国家とのかかわりで截然と二分している、それまでの憲法学説にはないすぐれた分析であった。私以外にも、この学説に影響をうけている研究者は少なくない。

人権の統合

のちに2節、3節で個別的に詳論する予定であるが、我妻説で憲法第三章の人権規定を分類すると、つぎのような問題がのこるように思われる。第一に、人権を一八世紀的と二〇世紀的に截然と二分すると、後者、社会権的基本権の性質を単純化しすぎる傾向が生れる。たとえば、勤労者の団結権(憲法第二八条)の場合、国家による労資関係への積極的関与なしには、この基本権が現実のものにはならないことはたしかである。しかし、この権利は、勤労者一人ひとりに団結することの自由がなければ、生きた権利にならないことを、団結万能で組合員個人の自由を侵害しがちな組合運動が私たちに教えている。資本主義が発達し、企業の規模が拡大するにつれて、一人ひとりの労働者の人権がじゅうりんされがちであるからこそ、それを回復するために労働組合をつくる団結権が認められる。したがって、労働者個人の市民的自由は、多数の労働者が合意して行使する団結権の土台になっており、市民的自由と団結権を截然と切りはなすことはできない。

一九世紀

第二に、我妻説は、人権を一八世紀的と二〇世紀的に二分しているため、一九世紀が空白になっている。すでにのべたように、西ヨーロッパの一九世紀は労資の階級闘争が激しくたたかわれた世紀である。二〇世紀の社会権的基本権を準備したのが、一九世紀の労働運動であり、それを動かしていたのは労資の極端な社会的不平等の存在である。当時誕生した各種の社会主義思想が、共通に社会的平等の実現を目指したのは当然である。一八世紀的自由権を代表する所有権が自由に放任されれば、すべての市民の法の下の平等は形骸化するばかりである。一九世紀の労働運動は、資本家の経済的自由に法的枠をはめるように働いた。労働者の平等権は、資本家の自由権を制限することなしには実現しない。我妻説では、法の下の平等(憲法第一四条)は自由権的基本権に分類されているが、市民的平等は、一九世紀において経済的自由と衝突し、勤労者の基本権の成立を準備する役割を果す。自由権的基本権から社会権的基本権への展開は、平等権を媒介することによりはじめて可能になる。

我妻説が昭和憲法の施行に当って展開した人権論は、その骨組みを継承しながら、若干の点で補強を加える必要があった。とくに、当然のことながら、そこには新興国の人権問題への配慮がないことを注意しておく必要がある。我妻説から半世紀たって二〇世紀が終ろうとしている現在、私たちは我妻説を補強するだけでなく、自由権的基本権と社会権的基本権をこえる、第三の人権を考える必要にせまられている。

人権の実体と手続　昭和憲法の保障する基本的人権の諸規定は、実体的規定と手続的規定に分類することもできる。この分類は、人権をたんなる思想や政治的宣言ではなく、法的現象とみようとする者には、決定的に重要である。世界人権宣言は、すでにふれたように、国際的な道徳的宣言ではあるが、各国にたいし法的拘束力をもっていない。この点は、起草は同時にはじまりながら、二〇年近くおくれて採択された国際人権規約が、締結国を拘束する国際法規であるのと決定的にちがう点である。世界人権宣言は、ほとんど人権の実体的規定からなり、手続的規定はごく限られている。イギリスが起草過程でイニシャチブを発揮できなかったのは、権利実現のための手続を重視する「権利章典 Bill of Rights」の伝統のためであった。イギリス人にとって、実現の手続の保障されていない、宣言されただけの自由や権利を、権利と考えることは困難であった。

昭和憲法第三章は、第一〇条から第四〇条まで三一カ条あるが、総論的規定(第一〇条から第一三条)を除く二七カ条のうち、第三一条から第四〇条まで一〇カ条が手続的規定である。刑事訴訟法に規定されるのが適当と思われるような詳細な犯罪容疑者の権利が、憲法に規定されているのは、明治憲法下の「臣民の権利」が、治安維持法の執行に代表されるような、半ば公然たる拷問や自白の強要によってじゅうりんされていた現実が目の前にあったからである。と同時に、アメリカ人の指導によってつくられた人権規定に、人権にとって必要な手続規定(第三一条の法定手続)がおかれているのは、そこに英米法の影響がみられるといっても見当違いとはいえまい。

最後に、新しい人権と人権の国際化について一言しておきたい。

人権の国際化

この五〇年の間に、日本国民の生活は、敗戦の焼土における、不健康で非文化的な、明日の食糧にも困るような最低生活から、ほとんどの勤労者が自らを中流と考えるような「豊かな」生活に変った。日本資本主義の高度成長は、日本社会のあり方に、精神面でも物質面でも大きな変化をもたらしたし、現にもたらしつつある。バブル経済の崩壊を歓迎しているうちに、戦後最大の不況下におかれてしまった現在の私たちには、プラスの変化よりマイナスの変化の方が身近かなものと感じられる。

新しい人権と人権の国際化は、じつは二〇世紀後半の人権の発展史の二つの側面を表現している、といえるのではないだろうか。新しい人権には、昭和憲法の制定当時すでに抽象的には意識されていたが、その後しだいに現実的になりつつある人権と、まったく意識されていなかった人権とがある。

平和的生存権

その一つは、憲法の前文にのべられている平和的生存権である。前文第二段落はいう。「われらは、全世界の国民が、ひとしく恐怖と欠乏から免かれ、平和のうちに生存する権利を有することを確認する。」この権利の主体は、一人ひとりの国民であるより、全体としての国民である。ここでは、民族としての基本的人権が認められているとみるべきであろう。

第三章ではなく前文に、「全世界の国民」の権利と記された平和的生存権は、国内では第九条とのかかわりで、すでにのべた恵庭事件、長沼訴訟に援用され、長沼訴訟の第一審判決(札幌地裁、一九七三年九月七日)で、はじめて原告の長沼町民の権利として認められるようになった。それ以前にも以後にも、日本国民に平和的生存権を認める判決はないが、この権利の人権としての意義を、憲法の恒久平和主義を具体化するものとして肯定する学説は少なくない。しかも、米軍基地を原因とする各種の公害が生れ、自衛隊の海外派兵が進行すればするほど、日本国民の平和的生存権の存在理由は大きくなっている。

戦争宣伝の禁止

国際的には、日本も署名(一九七八)して、一九七九(昭和五四)年九月二一日から効力をもつようになった国際人権規約とよばれる二つの規約、「経済的、社会的及び文化的権利に関する国際規約」と「市民的及び政治的権利に関する国際規約」が注目される。それぞれの規約の冒頭に、広い意味での民族自決権がまったく同文でかかげられていることはすでに指摘した。そして、「市民的及び政治的権利に関する国際規約」には、戦争宣伝の禁止や民族的および人種的差別、敵意又は暴力の扇動の禁止(第二〇条第一項・第二項)が規定されている。この条項は、冒頭の民族自決権を実現するためのものであり、新興国の平和にたいする権利、そして日本国憲法の平和的生存権とも無関係とはいえない。

その二は、憲法自身が制定当時まったく予想していなかったと思われる、環境権である。一九六〇年代に、自民党池田内閣の「所得倍増」計画から田中内閣の「日本列島改造」計画へと「高度成長」政策が急速に展開された結果、生産と消費の矛盾や工業と農業の矛盾など、日本経済の自主的存立をさまたげる諸矛盾が激化した。政府の政策に保護された大企業の営利活動は、国民の生活環境や自然環境を破壊し、大気・水・土壌の汚染、自動車の排ガスや騒音、産業廃棄物による公害などを生みだす。七〇年代になって、四大公害裁判(新潟水俣病・四日市ぜんそく・富山イタイイタイ病・熊本水俣病)がつぎつぎに提訴されたのはそのためである。都市と農村を問わず全国的に発生する公害に反対する運動の中から、国民の良い環境を維持する権利が、新しい人権として主張されるようになる。

環境問題の急激な悪化は、日本国民に環境権の必要性を教えたが、それは現在、国際的な、地球規模での問題になっている。大気汚染、酸性雨、森林破壊、砂漠化、オゾン層破壊、地球温暖化、海洋汚染、原発事故、農薬問題など、国境を超えて拡がる環境問題が、私たちの日常生活で話題にならない日はない。

憲法第一三条の国民の幸福追求権や第二五条の国民の生存権を根拠にして主張される環境権は、いまや直接被害をうけている個人の権利であるにとどまらず、一定の地域住民から国民の全体、すなわち、日本民族の幸福と生存をかけた問題になっている。そしてさらに、この問題は人類の存立にかかわる地球規模の問題にもなっており、その原因の一部をつくりだしている日本資本主義、日本政府の責任はきわめて大きい。日本のＯＤＡ、多国籍企業が低開発国にもたらす公害、環境破壊にたいして提訴される現地住民の環境権を求める要求と、日本国内の環境権にもとづく運動は、同一の根から生れたものである。それは文字どおり、人権の国際化ということができる。

2　市民的自由と平等

この節では、憲法第三章に規定されている基本的人権を一つひとつ、個別に検討することにする。ここでも、憲法に書かれている条文の意味が、どれだけ現実のものになっているかが問題であることは、統治機構をあつかった場合と異なることはない。

ただ、統治機構とちがって人権の場合は、「市民的及び政治的権利に関する国際規約」第四〇条にもとづく報告書を、国連事務総長に提出する義務を日本政府は負っているから、人権についての憲法規範がどこまで実現しているかは、国際的な問題にならざるをえない。現に一九九三(平成五)年には、第三回日本政府報告書がジュネーブの国連人権委員会で審議され、政府報告を批判する日本弁護士連合会や国民救援会など民間団体のカウンター・リポートもあって論議がたかまった、と伝えられている。そのことも参考にしながら、人権を個別に検討していくことにしたい。

自由権

基本的人権の中心となるのは、他の資本主義国の憲法と同様、各種の自由権である。自由権の特色は、国民個人が国家からいかなる干渉もうけない、国家からの自由ということにある。自由には、「……からの自由」と「……への自由」、free from と free to という二種があり、前者は形式的自由であるが、後者は実現のための物的措置を必要とする実質的自由である、という考え方がある。社会主義国の憲法が実現しようとしたのは後者であるが、日本の憲法の自由権はもちろん前者に属している。

身体の自由

まず、身体の自由(第一八条)がある。奴隷的拘束はいかなる場合にも禁止されるし、その意に反する苦役は、犯罪による処罰の場合以外には認められない。かつて北海道にあったという「タコ部屋」の強制労働や、女性、子供の人身売買にもとづく奴隷的拘束は、現在絶対に許されない。米作地では昨年、戦後最大の不作をむかえたが、そのために出稼ぎが増加しても、女性や子供の人身売買が行われることはなくなった。今日問題となるのは、経済的な理由で個人が進んで行わざるをえない「苦役」である。現代資本主義社会には、単身赴任、出向、サービス残業など、事実上「その意に反する苦役」が溢れているが、それは企業の「自由」にゆだねられている。

人身保護法

身体の自由を保障する法律としては、イギリスのヘービアス・コーパス・アクト Habeas Corpus Act(一六七九)をモデルとする人身保護法(一九四八)がある。この法律は、国家機関によって、「現に、不当に奪われている人身の自由を、司法裁判により、迅速、且つ、容易に回復せしめることを目的とする」(同法第一条)。この身体の自由の司法裁判による救済は、憲法第三四条の、拘禁理由開示の裁判の要求と同じ立法趣旨による。

内心の自由　つぎに「内心の自由」といわれるものがある。近代法の原則は、法は人間の行為を規制するものであり、個人の心の内にまでは及ばない、とする。したがって、内心の問題は絶対に自由でなければならない。思想および良心の自由(第一九条)、信仰の自由(第二〇条)、学問の自由(第二三条)がそれに当る。憲法が、人間の行為と切りはなして、「内心の自由」だけを保障することは、近代法のシステムの下では、法的に無意味なようにも思われる。しかし、明治憲法の下では、とくに治安維持法の執行過程で、多くの人間(当時の臣民)の思想・良心・信仰・学問の諸自由がそれ自体として侵害された事実がある。それを行ったのは内務省警保局の統轄する全国都道府県特高警察であった。この政治警察による「内心の自由」の侵害への反省が、それをとくに憲法に明記させることになった。

この点で問題なのは、占領終了直後に制定された破壊活動防止法(一九五二・昭和二七年)と、同法執行のため設置された公安調査庁である。同法でいう「暴力主義的破壊活動」を調査する公安調査庁は、明らかに政治警察であり、その調査の仕方次第で各方面にきわめて政治的な影響を与えるおそれがある。

ては表現にたいして用いられている言葉であるが、両者は一体となってはじめて人権としての現実的意味をもつことになる。

「内心の自由」とは表現の自由にたいして用いられている言葉であるが、両者は一体となってはじめて人権としての現実的意味をもつことになる。

表現の自由

第二一条は、集会、結社、その他いかなる形態によろうと、言論、出版、その他いかなる手段・方法によろうと、一切の表現の自由を保障している。個人の街頭演説からはじまって屋外の大衆集会、道路上の集団示威行進《デモンストレーション》、海上での船の集団示威など、形態は問題ではない。表現の手段としては、最近では、ラジオ、テレビなど国家が管理している電波を用いるものの比重が大きくなり、活字とは質的に異なる新しい問題を提起している。

「内心の自由」とちがって、表現の自由には一定の限界がある。

表現の自由の限界

人権はすべての国民に保障されているのであるから、他人の人権を侵害するような人権の行使は許されない。同じ道路上で、集団示威行進と自動車の交通が衝突する場合、それを現場で調整したり、集団示威行進にあらかじめ届出を求めて進路を特定するのは、交通警察の仕事であり、警察権の発動には、道路交通法(一九六〇)とか警察官職務執行法(一九四八)という法律の定めた規範が必要である。裁判所の判例では、表現の自由は「公共の福祉に反しない限り」(憲法第一三条)認められるし、「公共の福祉」の具体的内容はケース・バイ・ケースで裁判官の判断に委ねられている。「公共の福祉」と人権の問題は、のちにさらに詳論する機会があるであろう。

表現の自由も、もっとも現代的な電波による表現となると、新しい問題が生れる。まず、表現の自由の主体は個人ではなく法人であり、NHKを除けば営利を目的とする民間企業である。そして、表現の手段である電波は電波法(一九五〇)にもとづき国家によって管理され、放送事業はすべて放送法(一九五〇)によって規制される。「放送の不偏不党、真実及び自律を保障することによつて、放送による表現の自由を確保すること」(放送法第一条二号)が要求されるのは、電波を割り当られて行う放送が、出版とはちがって独占的とならざるをえないからである。

テレビ放送

テレビ、ラジオにおいては、NHKは政府と、民間放送はコマーシャルの提供者である企業とのかかわりで、「放送の不偏不党、真実及び自律」が失われる可能性が大きい。テレビ、ラジオの影響力の大きさを利用しようとする政党政治家もあらわれる。一九九三(平成五)年七月の、自民党政権を崩壊させた衆議院議員総選挙におけるテレビの世論誘導が、テレビ朝日の椿報道局長の発言をきっかけに問題となり、同氏の衆議院の証人喚問が行われるという事件があった。この場合、テレビ朝日の放送の放送法に違反する党派性が批判の対象になったが、個々の番組を担当し、その言葉を電波にのせるキャスターやアナウンサーなどの表現の自由は、企業そのものとは区別してとらえられるのかも問題である。放送する者が企業外の者であれば表現の自由があるのが当然であるが、企業内の者ならどうか。企業には営業の自由があり、業務命令で職員を規律することができるから、電波による表現の自由のあり方は複雑である。

宗教の自由

同じ表現の自由でも、宗教的な表現の自由は、「信教の自由」(第二〇条)として、特別詳細に規定されている。これは、ヨーロッパのキリスト教国家において、宗教が、宗教戦争を引き起すような深刻な政治問題であった歴史を反省したためである。明治憲法は、「安寧秩序ヲ妨ケス及臣民タルノ義務ニ背カサル限ニ於テ信教ノ自由ヲ有ス」(第二八条)と規定していたが、神道だけが国家の保護をうけ、神社は国営であった。占領開始直後にSCAPの「神道指令」がだされて、神道のもつ諸特権が廃止されたのは、天皇制の精神的支柱を打倒するためであった。しかし、天皇制は温存された。そして、「信教の自由」を保障するための手段である、国家と宗教の分離規定は、「国及びその機関は、宗教教育その他いかなる宗教的活動もしてはならない」(第二〇条第三項)という明確な表現であるにもかかわらず、もっぱら神道とのかかわりで、今日もなお多くの憲法事件を引き起している。

地鎮祭違憲訴訟

地方公共団体の庁舎の建設に当って神式で地鎮祭を行い、神主に公費を支払ったことが国教分離の原則に反するとして争われた事件で、名古屋高裁(一九七一年五月一四日判決)は地鎮祭を「宗教的活動」に当ると判断したが、最高裁大法廷判決(一九七七年七月一三日)は多数意見で、「社会の一般的慣習に従った儀礼」で「宗教的活動」ではないとした。この最高裁判決に支援されて、首相や閣僚の靖国神社公式参拝が行われたり、伊勢大神宮の公式参拝が慣例化するようになる。国家と宗教の分離が、神道とのかかわりで否定されるという事実は、表面上は「一般的慣習」とか「儀礼」として正当化されながら、神道が天皇家の宗教であるという歴史的事実と深いところで結びついているということを軽視すべきではない。

それにしても、国民の総人口より信者の総数の方がはるかに多いという、世界に例のない日本の宗教のあり方は、西ヨーロッパのキリスト教国家で育った「信教の自由」のとらえ方につき、私たちに再考を促す。

学問の自由

「学問の自由は、これを保障する。」(憲法第二三条)

第九〇帝国議会で憲法担当の国務大臣であった金森徳次郎が、日本国憲法一〇三カ条の中で、この「学問の自由」が一番覚えやすい条文だと、私にいったことがある。もちろん冗談だが、憲法第二三条は、五、七、五の俳句仕立てになっている、というのである。それ以後、人権の、私自身の職業にもっとも関係の深いこの箇所にくると、学問の、自由はこれを、保障する、と俳句を読むように区切りながら、金森国務相の温顔を思い出す。

学問の自由は、研究の自由にとどまらず、研究成果の発表、それを教育する自由へと展開していかなければ、学問を前進させることはできない。一九二五(大正一四)年に制定され、二八(昭和三)年には緊急勅令で改悪されて死刑を最高刑にするようになった治安維持法の下で二〇年間、天皇機関説事件（一九三五・昭和一〇年）にはじまり、特定の憲法学説を国禁にしつづけた一〇年間、日本の憲法学は十分な発展をとげることができなかったし、とくに戦争中の一〇年の間、どこの大学でも憲法学者は育たなかった。昭和憲法が制定されたとき、日本の憲法学界には、そして日本の憲法学そのものに深い時代的断層があり、それをうめるのが戦後憲法学の第一の仕事であった。その仕事のためには、学問の自由が必要であり、それを私たちは、身をもって経験した。

学問の自由はアカデミック・フリーダム academic freedom と英訳されるように、高等教育機関である大学の研究・教育の自由と限定的に考えられがちである。京都大学法学部の「滝川事件」（一九三三・昭和八年）以来、大学の自治の確保が学問の自由の擁護になると考えられてきたこともたしかである。しかし、新しい憲法とともに、帝国大学の教授会の自治を学問の自由の唯一の砦とみる考え方は終った。学問の自由の主体は、すべての国民であり、大学だけに限定される理由はない。公私を問わず、すべての研究機関、教育機関にも、学問の自由は存在しなければならない。この点は、次節の教育を受ける権利（一八六頁）のところで再びとりあげられるであろう。

経済的自由　自由の最後にくるのは、経済的自由である。第二二条は、居住・移転の自由とともに、職業選択の自由を保障し、それには「公共の福祉」に反しない限りという注意規定がついている。そして第二九条は、第一項で財産権の不可侵をのべたうえで、第二項で「財産権の内容は、公共の福祉に適合するやうに、法律でこれを定める」と規定している。国民に職業選択の自由と財産権の不可侵が保障されるということは、営業の自由をはじめ経済活動の自由が広範に認められていることを意味する。

公共の福祉

昭和憲法は、経済的自由を広範に認めているが、「内心の自由」や表現の自由のような精神的自由とは明確に異なる規定の仕方をしている。それは、人権の総論的規定である第一二条、第一三条で一般的にのべられている「公共の福祉」が、第二二条と第二九条の経済的自由の規定にだけ、個別にのべられている点である。判例はこの点に注意せず、基本的人権は一般的に「公共の福祉」によって制限されるとしてきたが、現実の訴訟では、精神的自由よりも経済的自由の方に、より多くの制限を認める傾向にある、といっても誤りではない。

薬局開設に距離制限を設けた薬事法を違憲とした最高裁大法廷判決(一九七五年四月三〇日)は、「職業の自由は、それ以外の憲法の保障する自由、殊にいわゆる精神的自由に比較して、公権力による規制の要請がつよく、憲法二二条一項が「公共の福祉に反しない限り」という留保のもとに職業選択の自由を認めたのも、特にこの点を強調する趣旨に出たものと考えられる」といっている。

昭和憲法はなぜ、精神的自由と経済的自由とで異なる規定の仕方をしているのか。それはこの憲法が二〇世紀中葉の、発達した資本主義の憲法だからである。

所有権の不可侵

一七・一八世紀の近代的自然法思想家にとって、所有権や財産権は人間に固有の自然権と考えられた。一七八九年のフランスの「人権宣言」は、所有権を自然権の一つと認めるだけでなく、「一の神聖で不可侵の権利」としてその重要性を特別に強調している。明治憲法がごくわずか認めた臣民の権利の中に所有権を入れただけでなく、それを不可侵と宣言したのは、天皇制国家のもとで導入された資本主義が明治二〇年代にはすでに相当の段階に達していたことを示している。大正から昭和に代替りするころには、治安維持法が示すように、私有財産制度は国体(天皇制)とならんで、日本社会の最重要な保護法益とされた。

経済的自由と社会的平等

産業革命をへた資本主義の発展は、経済的自由の制限を必然的なものにする。自由競争の結果、「見えざる手」の支配によって市場に秩序がもたらされる産業資本主義の段階から、競争をかちぬいた資本家が、資本の集積と集中を進めて到達する独占資本主義の段階になると、経済的自由は市民的自由から、独占資本家の搾取と収奪の自由へと変質する。景気変動の過程で、とくに恐慌と不況の局面で深刻になる社会不安、その基礎にある貧富の社会的不平等に対処するためには、経済的自由に一定の枠をはめざるをえなくなる。同じ事実の別の側面であるが、資本家にたいして労働者の権利を保障し、少数の独占的生産者にたいして多数の消費者を保護するためには、別の言葉でいえば、資本主義社会の経済的強者にたいして弱者をまもるためには、強者の自由を制限し、弱者の権利を強化しなければならない。このように、社会権的基本権の登場は、資本家的自由の制限に対応している。

営業の自由

明治憲法には職業選択の自由は明記されていなかった。そこで『憲法義解』は、明治憲法第二二条の居住・移転の自由には営業の自由がふくまれると解釈した。たしかに、明治維新によって、土地への封建的束縛から解放された農民にとって、都市への移転・居住の自由は、農業以外の職業を選択し、営業する自由を意味していた。昭和憲法が職業選択の自由を居住・移転の自由と同じ条文に規定したのは、この歴史的事情のためであろう。しかし、職業選択の自由といっても、医師・弁護士・教師のように厳格な資格を必要とする古典的専門職から、免許制の自動車運送業、許可制の古物営業、届出制の食品営業など、規制の仕方はさまざまである。今日では、まったく法的規制をうけない営業を探すのは困難なほどである。

財産権の制限

財産権にたいする制限は、より根本的かつ一般的である。ただし、私たちは憲法第二九条の財産権を考える場合、財産権一般を考えるべきではない。企業に集中した大資本と個人の消費的財産、山林地主の大土地所有と個人のわずかな宅地所有を同一の財産とみて、第二九条の財産権の制限を考えることは正当ではない。ここで制限の対象となる財産権は、主として資本としての財産権である。たとえば、新幹線工事のための小土地所有者の土地取上げに第二九条第二項を援用するのは、とても「公共の福祉」に適合するとはいえない。自衛隊の軍事施設のため農民の耕作地を取り上げるようなことは、憲法第九条をもちだすまでもなく、「公共の福祉」による財産権の制限とはいえない。最高裁大法廷判決(一九五三年一二月二三日)は農地改革を合憲と判断したが、農村の民主化をはかり、農業の生産力をたかめて国民の食糧を確保するため、寄生地主の大土地所有に厳しい制限を加えた農地改革こそ、まさに「公共の福祉」に適合するものといえたのである。

ここで、「公共の福祉」と基本的人権という、憲法学の古典的問題を整理しておこう。

「公共の福祉」と人権

第三章の総論的規定である第一二条は、この憲法が国民に保障する自由および権利について、「国民は、これを濫用してはならないのであつて、常に公共の福祉のためにこれを利用する責任を負ふ」と、人権行使に当っての国民の心構えをのべている。それをうけて第一三条は、個人主義の原則を認めたうえで、「生命、自由及び幸福追求に対する国民の権利については、公共の福祉に反しない限り、立法その他の国政の上で、最大の尊重を必要とする」と、国民一人ひとりの人権行使を尊重すべき、国家の姿勢をのべている。

国家と国民の対抗関係にある人権問題で、この憲法が、「公共の福祉」を対立を調整するキーワードにしていることは、第一二条・第一三条の規定から明白である。したがって、このような一般条項を人権規定のキーワードとすること自身問題であるということを別にすれば、それにどのような意味をもたせるかで、国民の人権の枠組みが広くもなれば狭くもなる。明治憲法における臣民の自由は、原則として「法律ノ範囲内」で認められていた。したがって表現の自由を制限する出版法(一八九三)、新聞紙法(一九〇九)など各種の取締法が制定されれば、「言論著作印行集会及結社ノ自由」(第二九条)は、どんどん狭くなった。治安維持法がそれにとどめをさした。「公共の福祉」を行政の判断にまかせるのは、前近代的な警察国家の手法である。明治憲法はそれを、立法府にゆだねる形式をとった。それが現行憲法のもとでは、最終的に裁判所にまかされている。国家と国民の対抗関係を調整するキーワードの解釈を、行政・立法・司法、いずれにせよ国家にゆだねてしまっては、そもそも人権とはなにかという出発点にもどらざるをえない。それでは人権問題は解決しない。

ここで、総論的規定にあらわれた「公共の福祉」が、各論的には、第二二条と第二九条という経済的自由権にしか登場しないということが想起される必要がある。すでにのべたように、表現の自由は、他人の人権とのかかわりで制限されることがある。その場合、制限理由の当、不当は調整相手の人権を具体的にのべ、比較考量すれば明らかになる。それを、具体的にのべずに「公共の福祉」という言葉だけで処理すべきではない。「公共の福祉」は経済的自由の制限にのみ用いるべきだというのが、私の結論である。

市民的制約

経済的自由の制限といっても、それには二つの性質のちがうものがある。市民の私生活は絶対に自由である。市民の公共生活に必要な、公衆衛生、消防、盗難防止、交通規制等々の理由で、あらゆる職業が、その営業形態に応じてあらかじめ一定の制限をうけるのは「公共の福祉」のためである。これは、あらゆる経済活動に平等にいえることで、市民的な「公共の福祉」といえる。これが第一の使用法である。

社会的制約

第二は、財産権の制限のところでふれたように、資本主義経済の発展がもたらす、社会的不平等を緩和するために「公共の福祉」が用いられる場合である。この「公共の福祉」は、経済的自由を制限することによって、社会権的基本権の実現を可能にする。しかし、この問題は、次節でまたふれることになる。

平等権

自由権についでとりあげられるのは、国民の平等権である。

一般には、自由と平等は市民革命のスローガンのように同時に語られることが多いが、基本的人権としての自由と平等は、はなはだしくちがったあつかいを、これまでうけてきた。自由権が資本主義国の人権の核心をなすものであることは、これまでのべてきたとおりである。しかし、たとえば明治憲法には、限られたものにせよ自由権の規定はあったが、平等権の規定はなに一つない。そもそも、天皇への従属を本質とする臣民 Subject が相互に平等だというのは自己矛盾であった。憲法学者の人権論をみると、その人権のカタログの中に平等権が入っていないものが、現在でも少なくない。考えてみると、一七八九年の「人権宣言」もそうであった。その第二条の自然権の列挙の中に、自由はあるが平等はない。もちろん、自由・平等・友愛をスローガンとするフランス大革命の出発を飾る「人権宣言」が、平等をまったく無視するはずはない。冒頭の第一条で、「人間は、自由に、かつ権利において平等に生れ、生存する」とのべられている。平等は、人間が同じように権利が認められている状態を指し、具体的利益を主張できる権利だとはされていない。自由は権利とされているのに、なぜ平等は状態としてしかあつかわれていないのか。

自由と平等

自由と平等は、同じ人権の二つの側面であり、両者は相互にその実現を保障しあう場合がある。思想、信仰の自由を保障するということは、特定の思想、信仰をもつ者を国が差別することを禁止することでもある。特定の思想、信仰をもつことで不利益な扱いをうけることが明白であれば、思想を自由に形成したり、信仰を自由に選択することはできなくなる。これは人間の精神活動についていえることである。

自由と平等の矛盾

しかし、自由と平等が、人権として相互に対立し、一方になんらかの制限を加えなければ、他方の存在が危うくなるという場合もある。資本主義制度の下での人間の経済的活動には、自由と平等の矛盾が内在している。資本主義社会は、生産手段を所有する所有者階級と、生産手段をもたないため労働力を売って賃金生活をしなければならない労働者階級の存在を前提とするから、この社会で一般的に経済的自由を強調すれば、先進資本主義諸国の一九世紀が示すように、二つの階級の社会的不平等は大きくならざるをえない。所有者階級自身の中でも、自由競争が勝者と敗者を生み、あらゆる生産部門で寡占化がすすむ。この社会で、すべての人間に自由と平等を保障しようとすれば、そして自由権こそ資本主義的人権の核心と考えるならば(昭和憲法はこの考え方をとっている)、平等は「権利における平等」にとどめておく必要があった。それは形式的平等であり、実質的平等ではない。

憲法第三章の平等規定について検討してみよう。

法の下の平等

憲法第一四条は、「すべて国民は、法の下に平等であつて、人種、信条、性別、社会的身分又は門地により、政治的、経済的又は社会的関係において、差別されない」(第一項)と規定し、「法の下の平等」の原則を認めると同時に、その意味内容を説明している。そしてこの原則に反する「華族その他の貴族の制度」(第二項)を廃止し、勲章その他の栄典は、年金のような特権をともなわない限り、受ける者一代に限って認められることになった(第三項)。

「法の下の平等」とは、法令の適用上の平等を意味するだけでなく、法令の内容そのものに差別があってはならないことを意味している。第一四条が列挙する差別禁止の事例は、人種、性別、社会的身分、門地などいずれも、人間の個人的意思によって選択することのできないもので、前近代的な差別原因とみなされるものである。信条だけは性質がちがうが、憲法が思想、信仰の自由を保障している以上、信条による差別を禁止するのは当然である。

ここで、先にのべた平等権の形式性について二つの問題がのこる。

合理的差別　一つは、憲法自身が国民の中から、勤労者だけに特別の権利を認めたり(第二八条)、児童の酷使を禁ずる(第二七条)規定をもっていること、さらに法律が女性にのみ有利な規定をもつことを、「法の下の平等」の原則からどうみるか、という問題である。

最高裁判所は有名な尊属傷害致死事件判決*(一九五〇・昭和二五年一〇月一一日)以来、刑法の尊属殺重罰規定だけでなく、さまざまな法令上の差別規定を、合理的な差別として正当化してきた。右の大法廷判決の多数意見では、「法が、国民の基本的平等の原則の範囲内で、各人の年齢、自然的素質、職業、人と人との間の特別の関係等の事情を考えて、道徳、正義、合目的性等の要請から適当な具体的規定をすることを妨げていない」といって、合理性の判断基準をのべている。この判例の差別禁止の基準緩和によって、国民の平等が実質的なものになるか、その逆になるかはケースしだいである。

* その後、刑法第二〇〇条の尊属殺人規定は「著しく不合理な差別的取扱い」として違憲、無効と

されている。一九七三年四月四日大法廷判決参照。

私人間の差別

二つ目の問題は、未解放部落とその住民にたいして現実に存在する社会的差別にどう対処するかである。「法の下の平等」の原則からみて、部落住民にたいする法的・形式的差別は現在すでに存在しない。第三回日本政府報告書は、全体として、日本における人権保障の法令の整備を力説しているが、部落差別について、「現在では、同和関係者の住む地区とそれ以外の地域との格差は、平均的に見れば、相当程度是正されてきている。一方、心理的差別についてもその解消が進み、その成果は、全体的には着実な進展を見せているものの、結婚、就職等についての差別事件は根絶されていない」とのべている。第一四条の平等原則について、「日常生活・雇用等の面において私人間で依然差別が見られるのも事実である」という記述もある。政府の報告書が、日常的な私人間の差別や、部落差別が地域にあることを事実として認めているのは、それが客観的事実である以上当然であるが、私人間にある事実としての差別には、直接憲法は適用されないし、「法の下の平等」にはふれないと考えているからでもあろう。

私は右の二つの問題とも、形式的な「法の下の平等」、権利における平等を唯一の基準にして判断するのではなく、形式的平等から実質的平等が生れてくるような、平等権の理論構成を考えなければならないと思っている。

家族の平等

憲法第二四条は、男女の平等を家族生活において具体化し、夫婦の同権、家族構成員の平等を規定している。この第二四条にもとづいて、民法の親族篇・相続篇は根本的に改正され、家制度は一新した。憲法・法律が一新しただけでなく、その後五〇年のうちに、日本の家のあり方は急速に変ったし、現在なお変りつつある。第三章の人権規定の中で、もっとも実現したのは第二四条だという者もいる。そして、男女の形式的平等が、家族生活で実質的な平等となるためには、「法律は、個人の尊厳と両性の本質的平等に立脚して、制定されなければならない」(第二四条第二項)という規定が注目される。「本質的平等」とはたんなる理念的平等ではなく、形式的平等を実質的平等におしすすめるものと解釈すべきである。

つぎに、昭和憲法の人権規定の特色である、第三一条から第四〇条におよぶ手続的規定について説明したい。

罪刑法定主義

第三一条は、罪刑法定主義の原則を宣言する。それは、法律によらなければ刑罰を科せられないというだけでなく、法律の定める正当な手続によるのでなければ、生命や自由は奪われないという、手続的に厳格な意味に解釈されている。

令状主義

何人も、現行犯の場合以外は、その犯罪を明示する令状なしには逮捕されない(第三三条)。抑留、拘禁の場合には、理由がつげられ、弁護人を依頼する権利が与えられ、要求があれば、拘禁理由開示の裁判が開かれる(第三四条)。

裁判を受ける権利

「何人も、裁判所において裁判を受ける権利を奪はれない」(第三二条)。治安維持法違反の容疑者が、満足な取調べもうけず、警察署の留置場をてんてんとして「たらいまわし」にされ、裁判をうけることができなかった、という話を、私は経験者から直接聞いたことがある。そのような犯罪容疑者にとって、裁判をうけるのは切実な権利である。

拷問の禁止

公務員による拷問は絶対に禁止される(第三六条)。戦前の日本の警察で拷問が行われたのは、自白が証拠の王様として大きな価値を認められていたし、犯罪捜査が勘にたよる非科学的なものだったからである。もちろん今日でも、取り調べる参考人に暴行を加えて免職になった検察官がいるし、同じような警察官がいないわけではないが、それは例外であり、現在の制度が生んだものとは思えない。憲法第三八条は、「自己に不利益な供述を強要されない」(第一項)という黙秘権を認めたうえで、自白の証拠としての価値にきびしい制限を加えている。強制、拷問、脅迫による自白、不当に長く抑留、拘禁したあとの自白は証拠能力がない(第二項)。自己に不利益な唯一の証拠が本人の自白である場合には、自白があっても有罪にできないことになった(第三項)。自白を補強する証言なり物的証拠がなければ、それがたとい法廷内のものであっても、自白だけでは有罪にならないということは、自白の証拠としての価値をいちじるしく低下させたことを意味する。その結果、科学的捜査の必要性がたかまり、拷問による自白の強要がなくなるはずであった。

被告人の権利　起訴されて刑事事件の被告人となった者は、公平な裁判所の迅速な公開裁判を受ける権利がある(第三七条第一項)。公費で自己のため証人を求める権利(第二項)、弁護人を依頼する権利も認められている(第三項)。同一の犯罪について、重ねて刑事上の責任を問われることはない(第三九条)し、裁判の結果有罪でも、残虐な刑罰を科せられることはない(第三六条)。無罪になれば、国に補償を求めることができる(第四〇条)。

無罪の推定　右に略述してきた犯罪容疑者および刑事被告人の権利は、実体法的には、身体の自由のヴァリエーションであり、犯罪容疑者や刑事被告人を、犯罪捜査や裁判のため必要とする以外には、一般の国民から差別しないという平等権の変種とも考えられる。一七八九年の「人権宣言」は、「何人も、有罪と宣告されるまでは、無罪と推定される」(第九条)といっているが、この無罪推定の原則こそ、近代的人権保障手続のエッセンスである。

3　社会権的基本権

昭和憲法で社会権的基本権とよばれるのは、第二五条から第二八条までである。その一条ずつ権利の性質を明らかにしながら、社会権的基本権の人権としての特徴をのべることにしたい。

生存権

第二五条は生存権の規定である。「すべて国民は、健康で文化的な最低限度の生活を営む権利を有する」(第一項)。この規定は、ワイマール憲法(一九一九)の第一五一条が規定する「経済生活の秩序」が目標とした「人間たるに値する生活」を連想させる。社会民主主義思想の憲法への強い影響をそこにみることができる。

この生存権の主体は「すべて国民」となっている。たしかに、敗戦直後の日本では、ほとんどすべての国民が最低生活も保障されず、米の配給がおくれて生死の境をさまよっていた。しかし、「もはや戦後ではない」(一九五六年版『経済白書』)といわれる頃からは、地主・資本家・経営者のような富裕な社会層にとって、「健康で文化的な」ことは望ましいとしても、「最低限度の生活を営む権利」など必要がないことは明白である。この権利が必要になるのは主として勤労者層であり、しかもなんらかの理由で働くことができなくなり、最低限度の生活も営めなくなる可能性のある人たちである。失業者、職業病患者、身体障害者、そして最近でも増加する一方の、各種の公害病患者たちにとって、生存権が必要である。

国家観の転換

資本主義社会では、原則として、このような状態にある人たちの救済を、当人とその家族の自助努力で解決すべき問題とみなしてきた。宗教団体が慈善事業として貧困者の救済をすることはあっても、資本主義国家は、個人の私生活には介入しないのをよしとしてきた。失業や疾病を、勤労者個人の責任とみていたからである。しかし現代では、失業や疾病の原因が社会的なものであるという認識が広まり、その原因を除去し、勤労者に最低限度の生活を保障するのは国家の義務であると考えられるようになっている。自由主義国家から福祉国家への、国家観の転換がその背景にある。「国は、すべての生活部面について、社会福祉、社会保障及び公衆衛生の向上及び増進に努めなければならない」(第二項)。この国に義務づけられた行為を、必要に応じて要求しうるのが、勤労者の生存権なのである。

生存権は、その実現は国家の財政状態と固く結びついている。また、生存権実現のためにどれだけ積極的な行政措置をとるかという、内閣の社会福祉観も問題である。現実には残念ながら、一九五五(昭和三〇)年から九三(平成五)年までつづいた自民党政府の下で、世界を驚かす経済成長をとげたわりには、生存権の実現状況が改善されたとはいえない。憲法施行直後の、国家財政が十分でなかった時代の判決が、それ以降も判例として、自民党政府の政策を正当化してきたことも軽視してはならないであろう。

食管法事件判決

問題の最高裁大法廷判決(一九四八年九月二九日)は、食糧管理法事件にかかわるものである。配給不足を補う米のヤミ買いを処罰する同法を、生存権に違反すると主張した被告人にたいして判決はいう。

「国家は、国民一般に対して概括的にかかる責務を負担しこれを国政上の任務としたのであるけれども、個々の国民に対して具体的、現実的にかかる義務を有するのではない。言い換えれば、この規定により直接に個々の国民は、国家に対して具体的、現実的にかかる権利を有するものではない。」

プログラム的権利

憲法第二五条第一項が「権利」と明記する生存権が、現実にはまだ存在しない、将来与えられるであろうプログラム的権利といわれるのは、この米のヤミ行為が横行していた時代の判決のためである。もちろん、その後、生活保護法(一九五〇)のような、「プログラム的権利」を本当の権利とする法律が制定され、保護受給権とよばれる具体的権利が確立しているという進展はある。しかし、この場合でも、朝日訴訟の最高裁大法廷判決(一九六七年五月二四日)がいうように、憲法でいう最低限度の保護基準は、厚生大臣の合目的的な裁量にゆだねられているから、生存権は容易に客観的な権利になりえない。憲法が国に負わせた義務の基準を、行政当局自身が自由に裁量できるのでは、社会的弱者の最低生活を保障して、国民生活の実質的平等を回復しようとする社会権的基本権の目的はなかなか達成することはないであろう。

私は、最高裁の食糧管理法事件判決は、砂川事件判決とならんで、憲法の明文をねじまげる、説得力に欠ける最低の判決例と評価している。

第二六条は、教育を受ける権利を規定する。ここで問題になる教育とは、公教育を指す。私費により、自由に選んだ教師から好きな分野の教育を受けることは、国民個人にとってまったく自由である。しかし、このような私教育は本条の問題ではない。ここで問題になるのは、現代社会において、健康で文化的な最低限度の生活を営むのに必要な、初等教育と中等教育、そしてさらに、能力に応じて受けることのできる高等教育、すなわち、人間精神の発達段階に対応する公教育である。

教育を受ける権利

公教育

公教育とは、社会的に必要とされる教育であり、個人の自由にゆだねられるものでも、国家の必要によってつくられるものでもない。フランス大革命がもっとも高揚した一七九三年には、ジロンドとジャコバンの二つの「人権宣言」があるが、その二つとも、教育を引き受けるのは社会だと指摘している。公教育の「公」とは、私的でも国家的でもなく、社会的であることを意味する。そのことを典型的な形で示しているのは、義務教育である。

義務教育

教育を受ける権利が国民のすべてに認められているとすれば、その権利を行使するかしないかは国民個人の自由な判断にゆだねられるはずである。それにもかかわらず、第二六条第二項が、すべての国民に「その保護する子女に普通教育を受けさせる義務」を課したのはなぜか。教育の自由を前提とする私教育であれば、教育を受ける子女にも保護者にも、それを強制される理由はありえない。法律が保護者に、教育を受けさせる義務を課したのは、普通教育が現代社会の組織・運営にとって必要不可欠なものだからである。学校教育法(一九四七)は、小学校(初等普通教育)、中学校(中等普通教育)の就学を保護者の義務としているが、それは就学を自由に放任した場合、主として経済的な理由から、その保護する子女に普通教育を受けさせることができない家庭があることを知っていたからである。低開発国における子供の労働問題は、家庭の貧困が原因であるが、普通教育の欠如による文盲の増加となり、社会的貧困の原因となっている。明治以来、日本における義務教育の普及度の高さが、日本資本主義を驚異的なテンポで発展させた原因の一つだといわれている。昭和憲法の下での義務教育年限の延長も、技術革新の波にのって前進する現代資本主義社会の勤労者にとって、必要不可欠の教育内容が増加しつつあることに対応するものと考えられる。

無償の義務教育

義務教育が社会的に必要なものとして、保護者に一定の義務を負わせる以上、保護者に経済的負担をかけないよう無償とするのは当然である。現在では、無償といっても授業料、教科書代にとどまっているが、保護者の経済的負担をなくして就学を容易にするためには、給食費、筆記具その他、義務教育に必要な一切の費用が公費で負担されるべきであろう。義務を負わされた保護者は、義務教育費の完全無償化を要求するだけでなく、義務教育を受ける子女に代って、義務教育の内容について意見をのべる権利がある。義務教育を受ける子女からみれば、初等・中等普通教育を無償で受けるのは、教育を受ける権利の、もっとも基礎的部分の行使だということになる。

教育の公私

国民にはすべて、思想の自由があり学問の自由がある。したがって、私的にであれば、自分の選んだ教師から好きなことを学ぶ自由がある。それはいま、趣味やスポーツの分野で多くの人たちが享受していることである。このような自由を前提としたうえで、憲法第二六条が、「すべて国民は、法律の定めるところにより、その能力に応じて、ひとしく教育を受ける権利を有する」(第一項)としたのは、能力があるのに、経済的貧困その他の理由で教育を受けることのできない人びとが、現代社会には恒常的に存在しているからである。現在の激しい受験競争の結果、もっとも高い偏差値を必要とする有名私立大学、国立大学の入学生の家庭は、もっとも高収入の家庭になってしまったという。小学生のときから受験教育に多額の費用をかけることのできない家庭からは、超一流大学への入学者が出ないとすれば、能力とは金だということになりかねない。公教育の私教育化ということになる。

教育権の社会化

長期にわたって争われている家永教科書検定訴訟では、教育権は国民のものか国家のものかが基本的な争点の一つであった。すでにのべたように、公教育に関する限り、それは私的な、個人的なものでも、国家的なものでもない。教育基本法第一〇条がいうように、教育行政は教育目的遂行に必要な諸条件の整備を行い、国民はその整備された教育を享受する。公教育の内容は、その社会的性格にふさわしい決定のされ方が追究されるべきである。

フランスでは、公教育を確立するためには、大革命以前から教育を支配してきたカトリック教会から教育を引きはなす世俗化《ライシテ》が必要であった。それは大革命から二〇〇年たった現在でも、公教育のかかえる問題である。日本では、戦前から教育を支配してきた国家＝文部省から教育を引きはなす非国家化＝社会化が、憲法施行後五〇年たった今日なお必要である。

労働基本権　第二七条と第二八条は、正面から勤労者の基本的人権を規定している。ここでとりあげられる勤労者の問題は、企業における使用者と被使用者の関係を中心としている。いわゆる労資関係である。市民的権利が、国家と個人、市民として対等な人間関係をあつかっているのにたいして、ここでは企業経営者と労働者という、社会経済的には対等でない、資本主義社会の具体的な社会関係をあつかう。第二五条の生存権も、第二六条の公教育を受ける権利も、じつは資本主義社会の生みだす特有の社会関係をあつかっており、その意味で、第二五条から第二八条までの諸権利を、私たちは社会権とか社会権的基本権とよぶことができた。第二七条、第二八条は、社会権であることをもっとも典型的に表現する勤労者の権利を保障している。

第二七条は、「すべて国民は、勤労の権利を有し、義務を負ふ」(第一項)と規定する。戦後最悪の不況といわれ、倒産と人員整理が毎日の新聞紙上をにぎわしているとき、国民の勤労の権利と義務について考えるのは興味深いものがある。不況のため失業した者にとって、勤労の権利とはなにか。

勤労の権利

すべて国民は財産権をもっている。しかし、財産をもっているわけではない。財産権があるということは、法的に財産をもつ可能性を認められただけで、だれからも財産をもらえるわけではない。これが市民的権利の形式性である。この論法で、勤労の権利とは勤労の可能性を認められただけで、不況に失業は当然ということになるなら、勤労の権利は財産権と同じ市民的権利だということになる。しかし、私たちが勤労の権利を社会権とみるのは、勤労の場所を失った者には場所を提供し、収入のない期間は失業手当を支給して、勤労者としての最低生活を実質的に保障する制度の存在を考えたうえである。

国の責任

資本主義経済に固有の景気循環の結果生じた失業者に、勤労の機会を提供して権利の実現をはかるのは国の責任である。また国は、国民に勤労の権利を保障するためには、勤労の最大の場所である企業に積極的に働きかけなければならない。法律で定めた「賃金、就業時間、休息その他の勤労条件に関する基準」（第二七条第二項）の実行を監督し、勤労の権利を実質的に保障するのも国である。労働基準法によれば、「労働条件は、労働者が人たるに値する生活を営むための必要を充たすべきものでなければならない」（第一条第一項）。

勤労者の基本権

第二八条は、勤労者の団結権・団体交渉権・団体行動権を保障する。一九世紀以来の、先進資本主義国の労働運動を背景とする社会権的基本権の承認である。この勤労者の基本権は、敗戦後、占領軍の指導で制定された労働組合法(一九四五)で認められ、急速な労働運動の拡大に支えられて、新しい憲法が施行される四七年には、二・一ストの占領当局による中止指令が象徴するように、その制限が必要になるほどの充実ぶりであった。この占領初期に認められ、現行憲法によって確認された勤労者の基本権は、その後半世紀にわたって複雑な、屈折に満ちた歴史をたどることになる。

労働運動の歴史

まず占領中に、「民主化」政策から反共軍事基地化政策への占領政策の転換(一九四八)があった。そのため、労働運動からの共産主義者とその同調者の権力的な排除が強行される(レッド・パージ)。占領終了後は、日本の独占資本の復活・強化の過程で、勤労者の基本権を抑制しようとする歴代自民党政府の反労働者的政策と、勤労者の基本権の制限を阻止し、奪われつつある権利を奪還しようとする労働運動が正面から対立しつづける。一九六〇年代に目立つようになる日本独占資本主義の「高度成長」は、同時にまた労働運動の「高度成長」でもあった。そして七〇年代の後半から八〇年代になると、低成長をのりきろうとする企業の労働組合の御用化がすすみ、労資協調型の労働運動が、企業単位で組織された日本的労働組合を支配するようになる。

労働運動の体制化

この半世紀にわたる労働運動の歴史と勤労者の基本権の動揺は、一字一句変ることのない同じ憲法典のもとで展開された。したがって私たちは、日本における勤労者の基本的人権の実態を知るためには、法律と判例にあらわれる国会と裁判所の動向を知らなければならないし、さらにその土台になっている自民党政府と労働運動の対抗関係を知らなければならない。そして九〇年代の今日では、政府と労働運動の対抗関係を変質させる、労働運動の体制化にも目が離せなくなっている。

労働三法

勤労者の基本権は、労働組合法（一九四九）、労働基準法（一九四七）、労働関係調整法（一九四六）、いわゆる労働三法を中心とした、労働の各分野にわたる諸法令によって具体化されている。

まず、勤労者の基本権に枠をはめている法律からみていきたい。自衛隊法は、隊員の組合結成や団体行動を一切禁止している（第六四条）。国家公務員法は、警察職員、海上保安庁および監獄に勤務する職員は、職員団体を結成することも、それに加入することもできない、と規定する（第一〇八条の二、第五項）。

ＩＬＯ八七号条約

国際労働機関ＩＬＯの総会（一九四八）で採択され、日本も批准（一九六六）した「結社の自由及び団結権の保護に関する条約」（第八七号）によっても、軍隊および警察に適用される権利保障の範囲は、国内法令にゆだねられている（第九条第一項）から、自衛隊員と警察官からの労働基本権の剝奪はいちおう国際的には承認される。問題は、ストライキはともかく、組合をつくる権利も一切剝奪された自衛隊員や警察官が、どのような人権意識をもって労働運動の鎮圧に当るかという、法律適用の現場における不安である。

消防職員の人権

最近ＩＬＯ八七号条約の適用について問題になっているのは、日本における消防職員からの権利の剝奪である（地方公務員法第五二条第五項）。ＩＬＯ加盟国のうち、消防職員に団結権を禁止しているのは、日本のほか、スーダンとガボンの二カ国しかないという。監獄に勤務する看守や火事の現場で消火にあたる消防職員が、職務の性質上労働基本権をある程度制限されるのは理由があるとしても、それを一切剝奪してしまうのは疑問である。人権のない者には、人権感覚は育たない。人権感覚の乏しい看守、消防職員の活動の危険性を軽視すべきではない。

一般職公務員

一般職の公務員は、団結権と、労働協約の締結権をふくまない限定された団体交渉権が認められているが、ストライキ、サボタージュその他の争議行為は禁止されている（国家公務員法第九八条第二項）。同条同項の禁止する「違法な行為の遂行を共謀し、そそのかし、若しくはあおり、又はこれらの行為を企てた者」（第一一〇条一七号）は、だれでも、三年以下の懲役または一〇万円以下の罰金である。これに該当するのは、組合運動を指導する役員たちである。

現業公務員

つぎに国営企業労働関係法が規制する勤労者がいる。この法律は一九八六(昭和六一)年に公共企業体等労働関係法を改称したものであるが、日本国有鉄道、日本電信電話公社、日本専売公社という公共企業体の大幅な民営化により、規制の対象が、郵便、国有林野、印刷、造幣の諸事業に勤務する国家公務員に限定されるようになっている。このいわゆる現業の公務員には、団結権と一定の労働協約締結権をふくむ団体交渉権が認められる。しかし、争議行為は一切禁止されている。争議行為の禁止規定(第一七条)に違反した職員は解雇されるものとなる(第一八条)。郵便法(一九四七)は、「郵便の業務に従事する者がことさらに郵便の取扱いをせず、又はこれを遅延させたときは、これを一年以下の懲役又は二万円以下の罰金に処する」(第七九条)と規定しているので、郵便事業の組合運動だけが刑事罰でおびやかされる。

スト規制法

私企業の勤労者にたいしても、スト規制法(電気事業及び石炭鉱業における争議行為の方法の規制に関する法律、一九五三)は、「公共の福祉を擁護するため」という理由で、炭鉱における保安要員の引揚げを禁止するだけでなく、「電気の正常な供給を停止する行為その他電気の正常な供給に直接に障害を生ぜしめる行為をしてはならない」(第二条)としている。争議行為の規制については、労働関係調整法による、公益事業の争議予告制(第三七条)もある。ちなみに同法の「公益事業」とは、「公衆の日常生活に欠くことのできない」、運輸事業、郵便・電気通信事業、水道・電気・ガス供給事業、医療・公衆衛生事業などを指すし、内閣総理大臣は追加指定をすることができるから、範囲はどこまでも拡大していく。

このようにみてくると、憲法第二八条の労働基本権が、そのまま保障されている勤労者はどのくらい残っているのか首をかしげざるをえなくなる。しかも、右にあげた労働基本権の立法的制限は、それぞれの職種にふさわしい合理的制限というより、戦後の労働運動史上もっとも戦闘的であった労働組合が、つぎつぎと政治的に弾圧されていく歴史を反映しているといった方が当っている。官公労一般、国鉄・全逓、そして炭労・電産という順次に労働基本権を制限された組合の名をあげてくると、立法的制限の政治的意図がかなり明らかになる。そのゆきつくところが、分割・民営化された旧国鉄労働者の現状である。

判例の動揺　判例は、右にあげた制限立法のすべてを、「公共の福祉」による労働基本権の正当な制限としてつぎつぎに追認してきた。しかし、裁判所の立法追随的態度に大きな動揺が起きたことがこれまで一度だけある。それは、全逓中郵事件最高裁判決(一九六六年一〇月二六日)から全農林警職法事件最高裁判決(一九七三年四月二五日)にいたるごく短い期間であり、「高度成長」政策と革新自治体の拡大が、同時進行していた六〇年代から七〇年代への転換期であった。大学紛争が全国にひろがっていたのも同じ時期である。

全逓中郵判決

全逓中郵事件判決は、職場大会参加のため数時間にわたって郵便物を取り扱わなかった職員の行為を具体的に検討し、政治目的のため行われた場合、暴力を伴う場合、国民生活に重大な障害をもたらす場合のように、正当な限界をこえている場合以外は、刑事制裁の対象にならないとした。当時の公共企業体等労働関係法第一七条第一項に違反する争議行為に、労働組合法第一条第二項を適用して刑事免責を認めたのである。争議行為として右にあげた正当な限界をこえていなければ、違法であっても、刑法第三五条「正当ノ業務ニ因リ為シタル行為ハ之ヲ罰セス」を適用して、郵便法上の処罰を免れるべきだとした。

四・二判決

さらに全司法仙台事件最高裁判決(一九六九年四月二日)では、国家公務員法の争議行為禁止とあおり行為の処罰規定を、あらゆる争議行為に一律に適用することの違憲性を指摘し、違法性の強い争議行為にたいする違法性の強いあおり行為の処罰だけを合憲とした。同日の都教組事件最高裁判決は、地方公務員法違反事件であるが、同旨である。立法による労働基本権の制限を、抽象的・一般的な「公共の福祉」で正当化せず、基本権行使の具体的形態を考慮したうえで、必要な具体的制限を考えるという、判例には進歩が認められた。

全農林判決

しかし、全農林警職法事件判決が、新しく形成されつつあった判例を変更した。この判決は、国家公務員の争議行為禁止を一律に当然とみなし、それをあおる行為は、争議行為以上に社会的責任が重く、そのすべてに刑罰を科するのが合理的だとした。この判例変更は、最高裁大法廷で八対七というきわどいものであったが、翌年の猿払事件最高裁判決(一九七四年一一月六日)では、公務員の政治活動の自由を制限的に解釈する多数意見が、一一対四と圧倒的になり、全農林警職法事件判決の判例変更は確定した。

この最高裁判例の、労働基本権をめぐる動揺の背景には、ストライキ権を法律で奪われた公務員・公共企業体労働者の、直接憲法第二八条にもとづくスト権奪還闘争があり、自民党内閣の意図的な最高裁対策的な人事がある。この人事は、Ⅳの3(一二四頁)でふれたように、最高裁事務総局を拠点にして今日までつづいている。

社会権の承認

以上、第二五条から第二八条の、社会権的基本権とよばれる権利をみると、生存権や教育を受ける権利のように近代憲法の歴史とともに古い歴史をもつものと、労働基本権のように、二〇世紀になって憲法上承認されるようになる新しい権利が、一つの社会権というカテゴリーの中に共存していることがわかる。憲法第三章の人権規定の中に新しく社会権的基本権をとりいれるということは、既存の市民的自由や権利にも重要な影響を与えずにはいない。

財産権の社会化

社会的権利の承認によって市民的権利の制限が必要となる典型的例は、財産権の制限(第二九条第二項)であり、この条文が、第二五条から第二八条の社会権保障のつぎにおかれていることは偶然ではない。それは、市民的権利の中でもっとも市民的である財産権もまた社会化をまぬがれないことを意味している。職業選択の自由の制限(第二二条第一項)とともに、経済的自由を制限することなしには、勤労者の権利をまもることは不可能である。その場合、経済的自由を制限する「公共の福祉」の具体的内容は勤労者の利益である。制限される経済的自由は、市民的なものではなく、資本家的なものである。

勤労者の自由

精神的自由についても新しい問題が生れる。市民的な思想の自由は、結社の自由にもとづく政党に入ることによって制約されることはない。制約があれば脱党は自由である。しかし、勤労者が団結権を行使して労働組合を結成し、ストライキなど団体行動を行うとき、勤労者個人の思想の自由は、古典的な思想の自由のままではありえない。もちろん、団結を理由に個人の思想の自由を制限することはできない。しかし、組合員の多数が民主的手続で決定した団体行動に、反対であった少数も従うのでなければ労働運動は存続しえない。このことは政党についてもいえそうであるが、政治的思想の相違に応じて複数存在する政党と、経済的利害の一致によって企業単位で存在する日本の労働組合の場合とでは、個人の自由のあり方は同一ではありえない。同一企業内に第二組合をつくることが組合員にとってマイナスに働くことが多い以上、組合活動における団結権は組合員個人の精神的自由を制約せざるをえないことになる。問題はその制約の合理性である。

市民的権利と社会的権利を対立的にとらえるか、それとも後者を前者の発展として統一的にとらえるかが、右の問題を解決するカギになる。

最後に、現代の人権問題をあつかう場合の、古くて新しい難問をあげて、この節のしめくくりとしたい。それは、憲法の「私人間における効力」といわれる問題である。

社会団体の否定

近代憲法はその出発に当って、封建的な諸制度を一掃するため、国家と個人の中間にある社会団体の存在を否定した。特権的同業組合《コルポラシオン》を否定する同じ論理で労働者の労働組合への団結も否定され、犯罪視された。一切の社会的なものは、国家か国民のものになるべきであった。本来社会的な公教育や社会保障が国家の仕事となり、国家のやらないことは個人の自由となった。したがって、憲法が適用されるのは国家自身の組織や機能か、国家と個人の関係だけになり、国民個人の私的関係には私的自治の原則がつらぬかれた。これが近代憲法の出発時の状況である。

私人間の関係

しかし二〇世紀になると、対等な個人間の私的関係とはちがう、不平等な私人間の関係が重視されるようになる。私人間の、本来は自由であるべき関係で、憲法がまず取り上げるようになるのが、企業内の労資関係である。現代では、企業とそこに雇用される労働者個人の関係は、対等な民法上の契約関係としてとらえることはできない。私的関係ではあるが、社会的弱者の立場にある労働者には新しい権利を認め、企業の自由は制限することによって、社会的平等を回復しようという考え方を現代憲法はとっている。
昭和憲法は、基本的人権の主体として勤労者を承認した。しかしその認め方はかなり消極的で、当然勤労者が主体である第二七条で「すべて国民」と表現したり、勤労者と対抗する経営者・資本家あるいは企業はどこにも明記されていない。しかし、憲法が企業と労働者の不対等な私的関係に介入していることは明白である。憲法上企業の存在が認められれば、企業と企業内の労働者の関係から一歩すすんで、企業と労働者一般、さらには、企業と消費者の関係にまで憲法の効力が拡大してもそう不自然ではない。

不対等な私人

不対等な私人間の社会関係としては、政党と党員、政党と党外の市民との関係も、政党が議会制民主主義の現実的担い手となっている以上、憲法論として考えておく必要がある。政党の組織・運営を完全に私的自治の問題として自由に放任しておくことが、市民的思想の自由と結社の自由を現代社会において生かすことになるか。この問題は「政党法」の要、不要の問題とつらなっており、政党活動への公費補助の問題とも関連している。同じことは、宗教団体、私立大学その他、社会的勢力をもっている社会団体が、その内外で接する個人との関係でもいえる。近代憲法が国家と個人の間にある社会団体を排除したのは、それが封建的な特権をもっていたからである。現在、民主的な原理にもとづいて構成されたはずの社会団体(企業、労働組合、政党、私立大学、宗教団体等)が、事実上特権をもちはじめているとすれば、それにどう対処するかは、憲法にとってももっとも現代的な課題である。

この点、最高裁判所の立場はきわめて保守的で、企業と労働者の関係さえ、それが雇用以前であれば、まったく憲法が適用されないとしている。三菱樹脂本採用拒否事件判決(一九七三年一二月一二日大法廷)で最高裁判所は、企業が労働者の採用に当って、思想・信条および関連事項の申告をさせても、違憲・違法ではないと、企業の「思想調査」を公認した。周知のように、日本の大企業では、社員の採用試験に当って、直接・間接に思想調査を行い、それをもとにして採用を決定している。県警や地方の公安調査局が情報を流してそれに協力している疑いもこい。それは占領中のレッド・パージ以来、日本の企業で事実上行われてきたことであるが、憲法の人権規定に反することは明白であるから、秘密裡に行われるのが普通であった。それを最高裁判決は、私人間には憲法(第一四条の平等権)の適用はないという理由で、憲法違反ではないことを公認したわけである。

せっかく憲法が認めた私人間(企業と労働者)の効力を、企業内に限定してしまっては、社会権を認めたことの積極的意味が失われてしまう。不対等な私人間の関係への憲法適用の可能性については、これからもっと追究していかなければなるまい。それが、国民が憲法にかける期待にこたえる一つの路である。企業の入社試験での思想調査を合憲とする最高裁判所の内部では、裁判官の配置について思想にもとづく人事が行われているのではないか、不安がわく。

4 参政権

昭和憲法は、第一五条で、公務員を選定し、これを罷免することを「国民固有の権利」としている。ついで第一六条で、「平穏に請願する権利」を、何人にも認めている。この公務員の選定・罷免権と請願権を、国政に参加する権利、参政権ということができる。

これまでのべてきた基本的人権は、すべて、国家と国民個人の対抗を基軸として展開されてきた。個人の人権は、国家の放任という消極的態度によって実現したり、また、国家の関与という積極的態度によって実現したりする。いずれの場合も、国家と個人の対抗関係のあり方が人権の性質を決定した。しかし、参政権だけは、国家と個人の対抗ではなく、両者の同化が人権の性質を決定する。

間接民主制

憲法第一五条は、公務員を選定、罷免することを「国民固有の権利」だと規定しているが、憲法上、直接国民が選定できる公務員は、衆議院・参議院の議員(第四三条)だけであり、地方の住民にとっては、地方公共団体の長、その議会の議員および法律の定めるその他の地方公務員(第九三条第二項)に限られている。また、国民が罷免できるのは、最高裁の裁判官を国民審査(第七九条第二項・第三項)に付した場合だけである。このように、国民の参政権行使がきびしく限定されているのは、国政において、「日本国民は、正当に選挙された国会における代表者を通じて行動」(前文)するという間接民主制の原則がとられているからであり、地方政治の場合は、若干の直接民主制的要素が加味されているだけである。参政権のなかで、選挙権がもっとも重要な意味をもつのは、間接民主制のためである。

選挙権の歴史は議会の歴史とともにあるが、それがどのような意味で権利となるかは、日本ではつぎのような事情による。

制限選挙　日本では、明治憲法が施行された一八九〇(明治二三)年、第一回衆議院議員総選挙が実施された。そのとき、二五歳以上の男性で、直接国税一五円以上納める者という資格が要求されたため、人口およそ四千万、有権者四五万余、その比率は一・一%というきびしい制限選挙となった。貴族院はもちろんはじめから終りまで公選ではない。

男子普選　このきびしい経済的制限は、一五円から一〇円(一九〇〇・明治三三年)、そして三円(一九一九・大正八年)へと緩和し、一九二五(大正一四)年、ようやく納税による制限はなくなった。「大正デモクラシー」の成果としての「普選断行」といわれたが、現実は男子普通選挙制の実現であり、女性には選挙権はなく、年齢は二五歳以上となっていたため、有権者は人口の二〇%をこえるのがやっとであった。

それだけではない。この衆議院議員選挙法改正は、治安維持法の成立とだきあわせであり、「普選法」最初の総選挙（一九二八・昭和三年）では、無産政党の選挙運動にたいして徹底した弾圧が加えられた。右の選挙法改正に当って、戸別訪問の禁止という、諸外国に例のない制限がとりいれられたのは、無産政党の大衆的な選挙参加におそれをなしたためである。

戸別訪問の禁止

婦人参政権

明治憲法の下では、選挙は法律が国民に命じて行わせる「公務」だという学説が有力であった。この「公務」を明確な国民の権利としたのが占領開始の年の衆議院議員選挙法改正である。このとき、日本ではじめて婦人参政権が実現し、年齢制限が二〇歳以上となったため、戦後最初の衆議院議員総選挙（一九四六年四月）では、有権者は一挙に人口の五〇％を超えるようになった。そして新憲法が施行されるとともに、国民の選挙権は、憲法第三章の保障する基本的人権の一つとなったのである。

中選挙区制

戦後最初の、そして帝国議会最後の衆議院議員選挙は、従来の中選挙区単記制を、大選挙区制限連記制に改正して行われた。しかし、新憲法下の第一国会を選出する一九四七（昭和二二）年四月の衆議院議員総選挙は、再改正した中選挙区単記制で行われ、社会党が第一党（一四三議席）になって自由党（一三一）、民主党（一二一）を上廻るという画期的な結果を生んだ（議席総数四六六）。民主党と連立した片山社会党内閣が、自由党を野党にして成立したのは、この選挙の結果である。その後衆議院議員選挙法(一九二五)は各種の選挙をまとめた公職選挙法(一九五〇)と交替したが、衆議院の中選挙区単記制は、議員定数に若干の手直しを加えただけで、一九九三(平成五)年七月の総選挙までつづいた。そしてこの選挙で、自民党は過半数を割り、三八年つづいた自民党政権が崩壊した。戦後半世紀近くつづいた中選挙区制の最初に自由党が野党になり、最後に自民党が敗北したのは偶然とばかりはいえない。

新しく成立した「非自民」八党派連立の細川内閣の下で、「政治改革」の名のもとに、選挙制度の大改革が行われた。憲法第一五条では、公務員の選挙について「成年者による普通選挙」で「投票の秘密」は侵してはならない、と規定しているだけである。その選挙制度を、法律で具体化するということは、国民の選挙権の具体的内容を左右するだけに、細川内閣の、中選挙区単記制から小選挙区比例代表並立制への転換は、国民多数の注目を浴びずにはいなかった。

細川内閣提出の「政治改革」四法案は、衆議院で可決されたが、参議院では否決された。両院協議会が開かれ、法案には施行期日を記さず、細川首相と河野自民党総裁のトップ会談での修正合意を次の国会で法制化するという了解が成立した。四法案は、そのまま衆・参両院で可決された。参議院否決から両院協議会、トップ会談、衆・参両院での四法案可決という一週間たらずの立法過程は前例のない異常なものであり、その結果成立したとされる四法律も、かんじんの内容も施行日も成立時点では未定という異常なものであった。その異常さは、念のため指摘しておくとつぎのようである。

成立した四法律の第一は、公職選挙法改正で、衆議院議員定数五〇〇、小選挙区選出二七四(合意　三〇〇)、比例代表二二六(合意　二〇〇)という、小選挙区比例代表並立制ができあがる。投票は、小選挙区で候補者一名、比例代表用に政党名という二票制。小選挙区では、比較多数で一名が当選。比例代表は全国計算で、届出政党の得票数にもとづき、各政党名簿の当選者をきめる(合意　全国一一ブロック単位で選挙)。選挙運動では、戸別訪問の自由化が注目された(合意　禁止)。

第二は政治資金規正法改正であり、目玉は、政治家個人にたいする企業・団体献金の禁止である(合意　政治家にも、五年を限り、年間五〇万を限度に認める)。

第三は、政党助成法で、人口一人当り二五〇円の政党交付金を、各政党の議員数と得票数に応じて分配する(合意　得票総数百分の三以上の政党認定基準を百分の二以上にする)。

第四は、小選挙区の区割をきめる衆議院議員選挙区画定審議会設置法で、総理府におかれるこの審議会の委員は七人、国会議員以外から首相が任命する。委員任命から六カ月以内に案を作成し、首相に勧告する。

以上四法律とも、施行期日はない。四法律の異常さは、国会で可決した政府案と、カッコ内の修正合意を読みくらべただけで、かなりの部分理解されるであろう。

周知のように現在の「政治改革」論議は、リクルート事件の発覚（一九八八）以来であり、その本来のねらいは金権腐敗政治の一掃にあった。しかし、自民党は、金のかかる中選挙区制こそが腐敗政治の原因であるとし、小選挙区制導入こそ「政治改革」の第一歩だと主張する。ここで「政治改革」論は、鳩山内閣も田中内閣も失敗した自民党年来の小選挙区制導入の流れと合流する。比例代表制が併せて検討されるのは、単純小選挙区制への反対論を抑えるためでしかない。

自民党が結党以来小選挙区制導入に熱心であったのは、党是である「自主憲法の制定」のため、衆議院で三分の二以上の議席を確保したかったからである。自民党以外の政党のすべてがこれに反対したのは当然である。小選挙区制は、大政党が、得票率よりもはるかに多い議席率を獲得できる選挙制度であり、第三党以下の小政党の存立を危うくするものだったからである。参議院で過半数を割るようになってからの自民党は、衆議院での過半数割れを恐れて小選挙区制導入を考えるようになる。それに失敗して海部内閣、宮沢内閣と二つの内閣が倒れた。「政治改革」の推進を大義名分として自民党から離れた旧自民党員が中心になって「非自民」の細川内閣が成立し、自民党内閣ではできなかった小選挙区制導入を成功させた。その成功の原因は、自民党の旧田中派幹部が中心の「非自民」内閣に、かつて小選挙区制に反対していた野党が、共産党を除いて、すべてとりこまれてしまったからである。小選挙区制導入に反対する者は「政治改革」に反対する者だという図式が、いつの間にかできあがっていた。

したがって、一九九四(平成六)年の通常国会で成立するのは、鳩山内閣以来自民党の念願してきた小選挙区制であり、国民の念願した政治腐敗防止のための「政治改革」ではない。その明らかな証拠は、政党にたいしてはもちろん、政治家個人にも企業・団体献金を認めた、細川首相と河野自民党総裁の「合意」である。

小選挙区制が実施されれば、これからどんな政党の再編成が行われようと、多数議員を背景とする強力な内閣が成立する可能性は大きい。しかも、今後五年間、企業・団体献金をみとめたうえに、数百億になる政党への公費助成が行われるというのでは、小さくなった選挙区での金による腐敗が小さくなる可能性は考えられない。

一国の選挙制度は、その国民一人ひとりの選挙権行使の意味を決定する。先に、参政権とは、国家と個人の対抗ではなく同化を指向する基本的人権だとのべたが、この同化を妨げるような選挙制度を法律でつくりだすことを憲法は期待しないであろう。

あとがきにかえて
――昭和から平成へ――

変化する「憲法」

世界の多くの国で、国政の基本とすべきだとされている憲法について、いろいろな視角からながめてきた。とくに、私たち自身のものである「日本の憲法」について、既成の学説・判例や、世間の常識にとらわれず、いくつかの問題を率直に考えてきた。しかし、「日本の憲法」は、現在その渦中にある選挙制度改革がそうであるように、考えたり、書いたりしている間にもどんどん変化していくから、どんな問題でもそう簡単に結論をだすことができない。考えれば考えるほど、最初は気がつかなかった新しい問題がでてきて、結論がつぎつぎに先送りされることも少なくない。

それでも私たち憲法研究者は、国民生活と国政のよるべき法原理を求めて、憲法とはなにか、いかにあるべきかを考えつづけなければならない。そのため「日本の憲法」の実態を分析しつづけなければならない。本書の初版も第二版もそうであったが、この第三版は、さらに強い、そのような思いでまとめられた。

昭和憲法史

私は一九六一(昭和三六)年に『昭和憲法史』を書いたとき、敗戦を境として、明治憲法下にあった昭和期(一九二六―四五)を借方に、占領にはじまる戦後の新憲法期(一九四五―六一)を貸方にして、日本の憲法の貸借対照表をつくったら、どんな損益の勘定がでるだろうか、と考えた。憲法の歴史でいえば、その頃はまだ、昭和期だけをとりあげても、大日本帝国憲法の歴史の方が、日本国憲法の歴史より数年長かった。明治憲法の全歴史(一八八九―一九四五)は五六年におよぶから、それと新憲法の歴史を対照させるのは、年数からいって不釣合であった。

しかし、現在は戦後約五〇年、新憲法が施行されてからでも四七年になるから、敗戦を境にして逆算すると、一八九五(明治二八)年くらいまでさかのぼることができる。あと約一〇年で日本国憲法の方が大日本帝国憲法より長い歴史をもつことになるから、そろそろ本格的な日本の憲法史が生れてもよいのではないか、という気がする。

私が現在「昭和憲法史」を書くとすれば、昭和という元号によって区切られた、一九二六(昭和元)年から八九(昭和六四)年までの憲法史をあつかうにちがいない。その場合には、明治憲法の二〇年は、昭和憲法の四二年に比較して、三〇年前に書いたときより、はるかに低い位置付けがなされる可能性が高い。私が本書の初版から試みているように、日本国憲法を「昭和憲法」とよぶことが一般的になれば、「昭和憲法史」は、戦前をあくまで前史とする、日本国憲法の全歴史をあつかうこととなり、現行憲法の廃止や根本的改正がない限り、今後いつまでも続くであろう。

憲法史と元号

ここで、憲法の歴史における元号のあつかい方について一言のべておきたい。私は本書の初版以来、日本国憲法を新憲法とよんだり、昭和憲法とよんだりしている。別に深い意味があったわけではなく、大日本帝国憲法を旧憲法とよんだり、明治憲法とよぶ便利さを、日本国憲法にも応用してみただけである。そして、時代の経過とともに「新憲法」という表現がつかわれなくなると、現憲法とか現行憲法という以外には、昭和憲法とよぶ機会が多くなっている。

しかし、私より若い、ある憲法学者は、私が日本国憲法を昭和憲法とよぶのに疑問を感じているようである。それは私が、元号の法制化(一九七九・昭和五四年)が問題になったとき、それに反対し、国民主権の憲法の下で、歴史を広く世界に通用する西暦ではなく、日本固有の天皇の名前で区切ることの非合理性を主張したことを知っていたからだと思う。私は今でも、西暦と元号の併用を強要する結果になっている元号の法制化には反対である。しかし、元号を用いている法令や判決など公文書をあつかう場合、読者の便宜を考えると、どちらか一方よりは、両者の併記という方法をとらざるをえなくなる場合がある。元号に賛成か反対かということと、文章を書く場合元号を使用するかしないかは、別の問題である。元号に反対の歴史家でも、明治憲法とか「大正デモクラシー」という用語法には反対しないであろう。私の昭和憲法というよび方も、同じ用語法であり、天皇裕仁の死によって、このよび方はこれまで以上に定着するにちがいない。日本国憲法は、昭和とよばれる時代に制定された唯一の憲法典であることが歴史的に確定したからである。

私は「昭和」という時代とそのよび方にこだわりすぎているかもしれない。しかし、そのこだわり方は、『昭和憲法史』を書いた当時と今日では大きく変っているように思われる。占領中から一九五〇年代にかけては、「明治憲法と昭和憲法」というテーマが流行し、明治憲法は悪玉で昭和憲法は善玉とコントラストをきわだたせたものや、明治憲法から昭和憲法への原理的転換を説くものが多かった。それは、新憲法の普及という啓蒙的役割を果したし、日本憲法史の見方としてまったく誤りであったわけではない。

ただ私自身、『昭和憲法史』を書いていて強く感じたのは、明治憲法と昭和憲法のコントラストも大切だが、両者の土台には、変らない共通の社会意識や慣行が流れているのではないかということである。占領が終って「逆コース」とよばれる戦後第一の反動期をむかえ、保守政党からはいっせいに「憲法改正」の声があがってくると、明治憲法から昭和憲法への原理的転換は、果して現実に行われたのか疑わざるをえなかった。一九五〇年代の改憲論は、天皇の元首化にしろ、再軍備の主張にしろ、明治憲法への回帰の傾向が強烈であった。

社会の現実の中でみる

今日の目でみると、昭和憲法を明治憲法との対比でみるだけでなく、昭和憲法を、それを直接ささえている日本社会の現実の中でみることがもっと必要だったのではないかと思う。このことは、一九六〇年代になって「高度成長」が進むにつれ、いっそう強く感じられる。六〇年代の自民党の改憲論には、五〇年代とはちがって、明治憲法との対比では説明できない新しい論点がふくまれてくる。「公共の福祉」による人権の制限強化は五〇年代のものだが、六〇年代になると、市民的権利と労働基本権を対立するものととらえ、市民に迷惑をかけないよう労働者のストライキ権を制限すべきだ、という調子になる。戦後の労働運動史の展開を知らなければ理解できない改憲論である。

明治憲法と昭和憲法の対比は、昭和憲法を悪しき過去からみすぎている点と、昭和憲法自身の社会的土台をみつめようとしないという欠点があった。一九九〇年代になると、占領中に制定され、占領後は、講和・安保両条約の発効とともに「日本の憲法」となってきた昭和憲法を、憲法の実態が大きく変化した現状から見直してみる必要があるという気がしてならない。天皇裕仁が死んで、昭和が平成に改元して六年になる現状からふりかえるというのは、昭和憲法を平成の憲法からふりかえるということになる。

平成の憲法問題

平成の憲法問題は、天皇明仁の即位の礼(一九八九・平成元年)ではじまる。中国の天安門事件(一九八九)、湾岸戦争(一九九一)、ソ連の解体(同年)などに象徴される世界情勢の激変に対応するだけで精一杯だった自民党内閣(竹下・宇野・海部・宮沢)は、金権腐敗政治にたいする国民の批判に応える「政治改革」を実現できず、自民党は一九九三(平成五)年七月の衆議院議員総選挙に敗北して政権の座からおりることになる。

平成の第一の憲法問題は、天皇の国事行為の拡大や政教分離原則のじゅうりんであり、第二の憲法問題は、国連平和協力法の廃案(一九九〇海部内閣)から成立(一九九二宮沢内閣)、それに並行して行われた海上自衛隊(掃海艇など六隻)のペルシャ湾派兵(一九九一)、カンボディアの国連PKOへの自衛隊派兵など、自民党的「国際貢献」の名による第九条違反である。

そして第三の憲法問題は、一九九三(平成五)年の世界人権会議(ウィーン)や国連の人権委員会(ジュネーブ)でとりあげられた、日本の「人権小国」的状況である。そこではとくに、「経済大国」の土台にある、労働者の企業内での人権問題が注目された。

これら平成の憲法問題は、すべて自民党内閣のもとで昭和の憲法問題としてはじまったものばかりであるが、国際情勢の激変が、問題の違憲性をいっきょに拡大するきっかけとなっている。日本が日米安保体制の下におかれている以上、ソ連が崩壊して唯一の超大国となったアメリカ合衆国がその覇権主義的な世界戦略を改めない限り、世界情勢の激変の日本への影響の仕方はある程度予測されるところであった。

昭和から平成に変って、現在最大の内政問題といえば、「非自民」の八党派連立内閣が成立したにもかかわらず、自民党内閣時代と基本政策に少しの変化がないばかりか、自民党内閣ではできなかった反憲法的政策がつぎつぎに実行されつつあることである。Vの4でのべた、衆議院への小選挙区制導入はその第一歩であり、コメの自由化、消費税率の引上げ、そしてその先に「憲法改正」がみえるようになれば、自民党は野党になることによって、はじめてその基本政策を実現したという皮肉な展開になる。なぜそうなるのか。私たちは、政権交替によって少しも変化しない日米安保体制と「二つの法体系」の現状から、昭和憲法をふりかえったとき、はじめてその真因を理解することができるであろう。

日本国憲法

前　文

日本国民は、正当に選挙された国会における代表者を通じて行動し、われらとわれらの子孫のために、諸国民との協和による成果と、わが国全土にわたつて自由のもたらす恵沢を確保し、政府の行為によつて再び戦争の惨禍が起ることのないやうにすることを決意し、ここに主権が国民に存することを宣言し、この憲法を確定する。そもそも国政は、国民の厳粛な信託によるものであつて、その権威は国民に由来し、その権力は国民の代表者がこれを行使し、その福利は国民がこれを享受する。これは人類普遍の原理であり、この憲法は、かかる原理に基くものである。われらは、これに反する一切の憲法、法令及び詔勅を排除する。

日本国民は、恒久の平和を念願し、人間相互の関係を支配する崇高な理想を深く自覚するのであつて、平和を愛する諸国民の公正と信義に信頼して、われらの安全と生存を保持しようと決意した。われらは、平和を維持し、専制と隷従、圧迫と偏狭を地上から永遠に除去しようと努めてゐる国際社会において、名誉ある地位を占めたいと思ふ。われらは、全世界の国民が、ひとしく恐怖と欠乏から免かれ、平和のうちに生存する権利を有することを確認する。

われらは、いづれの国家も、自国のことのみに専念して他国を無視してはならないのであつて、政治道徳の法則は、普遍的なものであり、この法則に従ふことは、自国の主権を維持し、他国と対等関係に立たうとする各国の責務であると信ずる。

日本国民は、国家の名誉にかけ、全力をあげてこの崇高な理想と目的を達成することを誓ふ。

第一章　天　皇

第一条〔天皇の地位・国民主権〕天皇は、日本国の象徴であり日本国民統合の象徴であつて、この地位は、主権の存する日本国民の総意に基く。

第二条〔皇位の世襲と継承〕皇位は、世襲のものであつて、国会の議決した皇室典範の定めるところにより、これを継承する。

第三条〔国事行為に対する内閣の助言・承認と責任〕天

皇の国事に関するすべての行為には、内閣の助言と承認を必要とし、内閣が、その責任を負ふ。

第四条　**〔天皇の権能の限界、国事行為の委任〕**天皇は、この憲法の定める国事に関する行為のみを行ひ、国政に関する権能を有しない。

② 天皇は、法律の定めるところにより、その国事に関する行為を委任することができる。

第五条　**〔摂政〕**皇室典範の定めるところにより摂政を置くときは、摂政は、天皇の名でその国事に関する行為を行ふ。この場合には、前条第一項の規定を準用する。

第六条　**〔天皇の任命権〕**天皇は、国会の指名に基いて、内閣総理大臣を任命する。

② 天皇は、内閣の指名に基いて、最高裁判所の長たる裁判官を任命する。

第七条　**〔国事行為〕**天皇は、内閣の助言と承認により、国民のために、左の国事に関する行為を行ふ。

一　憲法改正、法律、政令及び条約を公布すること。
二　国会を召集すること。
三　衆議院を解散すること。
四　国会議員の総選挙の施行を公示すること。
五　国務大臣及び法律の定めるその他の官吏の任免並びに全権委任状及び大使及び公使の信任状を認証すること。
六　大赦、特赦、減刑、刑の執行の免除及び復権を認証すること。
七　栄典を授与すること。
八　批准書及び法律の定めるその他の外交文書を認証すること。
九　外国の大使及び公使を接受すること。
十　儀式を行ふこと。

第八条　**〔皇室の財産授受〕**皇室に財産を譲り渡し、又は皇室が、財産を譲り受け、若しくは賜与することは、国会の議決に基かなければならない。

第二章　戦争の放棄

第九条　**〔戦争の放棄、戦力の不保持、交戦権の否認〕**日本国民は、正義と秩序を基調とする国際平和を誠実に希求し、国権の発動たる戦争と、武力による威嚇又は武力の行使は、国際紛争を解決する手段としては、永久にこれを放棄する。

② 前項の目的を達するため、陸海空軍その他の戦力は、これを保持しない。国の交戦権は、これを認めない。

第三章　国民の権利及び義務

第一〇条〔**国民の要件**〕日本国民たる要件は、法律でこれを定める。

第一一条〔**基本的人権の普遍性、永久不可侵性、固有性**〕国民は、すべての基本的人権の享有を妨げられない。この憲法が国民に保障する基本的人権は、侵すことのできない永久の権利として、現在及び将来の国民に与へられる。

第一二条〔**自由及び権利の保持責任と濫用禁止**〕この憲法が国民に保障する自由及び権利は、国民の不断の努力によつて、これを保持しなければならない。又、国民は、これを濫用してはならないのであつて、常に公共の福祉のためにこれを利用する責任を負ふ。

第一三条〔**個人の尊重と公共の福祉**〕すべて国民は、個人として尊重される。生命、自由及び幸福追求に対する国民の権利については、公共の福祉に反しない限り、立法その他の国政の上で、最大の尊重を必要とする。

第一四条　〔**法の下の平等、貴族制度の禁止、栄典**〕すべて国民は、法の下に平等であつて、人種、信条、性別、社会的身分又は門地により、政治的、経済的又は社会的関係において、差別されない。

② 華族その他の貴族の制度は、これを認めない。

③ 栄誉、勲章その他の栄典の授与は、いかなる特権も伴はない。栄典の授与は、現にこれを有し、又は将来これを受ける者の一代に限り、その効力を有する。

第一五条　〔**公務員の選定・罷免権、全体の奉仕者性、普通選挙・秘密投票の保障**〕公務員を選定し、及びこれを罷免することは、国民固有の権利である。

② すべて公務員は、全体の奉仕者であつて、一部の奉仕者ではない。

③ 公務員の選挙については、成年者による普通選挙を保障する。

④ すべて選挙における投票の秘密は、これを侵してはならない。選挙人は、その選択に関し公的にも私的にも責任を問はれない。

第一六条　〔**請願権**〕何人も、損害の救済、公務員の罷免、法律、命令又は規則の制定、廃止又は改正その他の事項に関し、平穏に請願する権利を有し、何人も、かかる請願をしたためにいかなる差別待遇も受けない。

第一七条　〔**国及び公共団体の賠償責任**〕何人も、公務員の不法行為により、損害を受けたときは、法律の定めるところにより、国又は公共団体に、その賠償を求めることができる。

第一八条　〔**奴隷的拘束・苦役からの自由**〕何人も、いかなる奴隷的拘束も受けない。又、犯罪に因る処罰の場合を除いては、その意に反する苦役に服させられない。

第一九条　〔**思想・良心の自由**〕思想及び良心の自由は、これを侵してはならない。

第二〇条　〔**信教の自由、政教分離**〕信教の自由は、何人に対してもこれを保障する。いかなる宗教団体も、国から特権を受け、又は政治上の権力を行使してはならない。

②　何人も、宗教上の行為、祝典、儀式又は行事に参加することを強制されない。

③　国及びその機関は、宗教教育その他いかなる宗教的活動もしてはならない。

第二一条　〔**集会・結社・表現の自由、検閲の禁止、通信の秘密**〕集会、結社及び言論、出版その他一切の表現の自由は、これを保障する。

②　検閲は、これをしてはならない。通信の秘密は、これを侵してはならない。

第二二条　〔**居住・移転・職業選択の自由、外国移住・国籍離脱の自由**〕何人も、公共の福祉に反しない限り、居住、移転及び職業選択の自由を有する。

②　何人も、外国に移住し、又は国籍を離脱する自由を侵されない。

第二三条　〔**学問の自由**〕学問の自由は、これを保障する。

第二四条　〔**家族生活における個人の尊厳・両性の平等**〕婚姻は、両性の合意のみに基いて成立し、夫婦が同等の権利を有することを基本として、相互の協力により、維持されなければならない。

②　配偶者の選択、財産権、相続、住居の選定、離婚並びに婚姻及び家族に関するその他の事項に関しては、法律は、個人の尊厳と両性の本質的平等に立脚して、制定されなければならない。

第二五条　〔**国民の生存権、国の社会保障的義務**〕すべて国民は、健康で文化的な最低限度の生活を営む権利を有する。

②　国は、すべての生活部面について、社会福祉、社会保障及び公衆衛生の向上及び増進に努めなければならない。

第二六条　〔**教育を受ける権利・教育の義務**〕すべて国民は、法律の定めるところにより、その能力に応じて、ひとしく教育を受ける権利を有する。
② すべて国民は、法律の定めるところにより、その保護する子女に普通教育を受けさせる義務を負ふ。義務教育は、これを無償とする。
第二七条〔**勤労の権利義務、勤労条件の基準、児童酷使の禁止**〕すべて国民は、勤労の権利を有し、義務を負ふ。
② 賃金、就業時間、休息その他の勤労条件に関する基準は、法律でこれを定める。
③ 児童は、これを酷使してはならない。
第二八条〔**労働基本権**〕勤労者の団結する権利及び団体交渉その他の団体行動をする権利は、これを保障する。
第二九条〔**財産権**〕財産権は、これを侵してはならない。
② 財産権の内容は、公共の福祉に適合するやうに、法律でこれを定める。
③ 私有財産は、正当な補償の下に、これを公共のために用ひることができる。
第三〇条〔**納税の義務**〕国民は、法律の定めるところにより、納税の義務を負ふ。
第三一条〔**法定手続の保障**〕何人も、法律の定める手続によらなければ、その生命若しくは自由を奪はれ、又はその他の刑罰を科せられない。
第三二条〔**裁判を受ける権利**〕何人も、裁判所において裁判を受ける権利を奪はれない。
第三三条〔**逮捕の要件**〕何人も、現行犯として逮捕される場合を除いては、権限を有する司法官憲が発し、且つ理由となつてゐる犯罪を明示する令状によらなければ、逮捕されない。
第三四条〔**抑留・拘禁の要件、拘禁理由の開示**〕何人も、理由を直ちに告げられ、且つ、直ちに弁護人に依頼する権利を与へられなければ、抑留又は拘禁されない。又、何人も、正当な理由がなければ、拘禁されず、要求があれば、その理由は、直ちに本人及びその弁護人の出席する公開の法廷で示されなければならない。
第三五条〔**住居の不可侵、捜索・押収の要件**〕何人も、その住居、書類及び所持品について、侵入、捜索及び押収を受けることのない権利は、第三十三条の場合を除いては、正当な理由に基いて発せられ、且つ捜索する場所及び押収する物を明示する令状がなければ、侵されない。
② 捜索又は押収は、権限を有する司法官憲が発する各別の令状により、これを行ふ。

第三六条〔**拷問・残虐刑の禁止**〕公務員による拷問及び残虐な刑罰は、絶対にこれを禁ずる。

第三七条〔**刑事被告人の諸権利**〕すべて刑事事件においては、被告人は、公平な裁判所の迅速な公開裁判を受ける権利を有する。

② 刑事被告人は、すべての証人に対して審問する機会を充分に与へられ、又、公費で自己のために強制的手続により証人を求める権利を有する。

③ 刑事被告人は、いかなる場合にも、資格を有する弁護人を依頼することができる。被告人が自らこれを依頼することができないときは、国でこれを附する。

第三八条〔**不利益供述の不強要、自白の証拠能力**〕何人も、自己に不利益な供述を強要されない。

② 強制、拷問若しくは脅迫による自白又は不当に長く抑留若しくは拘禁された後の自白は、これを証拠とすることができない。

③ 何人も、自己に不利益な唯一の証拠が本人の自白である場合には、有罪とされ、又は刑罰を科せられない。

第三九条〔**遡及処罰の禁止・二重処罰の禁止**〕何人も、実行の時に適法であつた行為又は既に無罪とされた行為については、刑事上の責任を問はれない。又、同一の犯罪について、重ねて刑事上の責任を問はれない。

第四〇条〔**刑事補償**〕何人も、抑留又は拘禁された後、無罪の裁判を受けたときは、法律の定めるところにより、国にその補償を求めることができる。

第四章　国　会

第四一条〔**国会の地位・立法権**〕国会は、国権の最高機関であつて、国の唯一の立法機関である。

第四二条〔**両院制**〕国会は、衆議院及び参議院の両議院でこれを構成する。

第四三条〔**両議院の組織**〕両議院は、全国民を代表する選挙された議員でこれを組織する。

② 両議院の議員の定数は、法律でこれを定める。

第四四条〔**議員及び選挙人の資格**〕両議院の議員及びその選挙人の資格は、法律でこれを定める。但し、人種、信条、性別、社会的身分、門地、教育、財産又は収入によつて差別してはならない。

第四五条〔**衆議院議員の任期**〕衆議院議員の任期は、四年とする。但し、衆議院解散の場合には、その期間満了前に終了する。

第四六条〔**参議院議員の任期**〕参議院議員の任期は、六年とし、三年ごとに議員の半数を改選する。

第四七条〔選挙に関する事項の法定〕選挙区、投票の方法その他両議院の議員の選挙に関する事項は、法律でこれを定める。

第四八条〔両院議員兼職の禁止〕何人も、同時に両議院の議員たることはできない。

第四九条〔議員の歳費〕両議院の議員は、法律の定めるところにより、国庫から相当額の歳費を受ける。

第五〇条〔議員の不逮捕特権〕両議院の議員は、法律の定める場合を除いては、国会の会期中逮捕されず、会期前に逮捕された議員は、その議院の要求があれば、会期中これを釈放しなければならない。

第五一条〔議員の免責特権〕両議院の議員は、議院で行つた演説、討論又は表決について、院外で責任を問はれない。

第五二条〔常会〕国会の常会は、毎年一回これを召集する。

第五三条〔臨時会〕内閣は、国会の臨時会の召集を決定することができる。いづれかの議院の総議員の四分の一以上の要求があれば、内閣は、その召集を決定しなければならない。

第五四条〔衆議院の解散と特別会、参議院の緊急集会〕衆議院が解散されたときは、解散の日から四十日以内に、衆議院議員の総選挙を行ひ、その選挙の日から三十日以内に、国会を召集しなければならない。

② 衆議院が解散されたときは、参議院は、同時に閉会となる。但し、内閣は、国に緊急の必要があるときは、参議院の緊急集会を求めることができる。

③ 前項但書の緊急集会において採られた措置は、臨時のものであつて、次の国会開会の後十日以内に、衆議院の同意がない場合には、その効力を失ふ。

第五五条〔議員の資格争訟〕両議院は、各〻その議員の資格に関する争訟を裁判する。但し、議員の議席を失はせるには、出席議員の三分の二以上の多数による議決を必要とする。

第五六条〔定足数、表決数〕両議院は、各〻その総議員の三分の一以上の出席がなければ、議事を開き議決することができない。

② 両議院の議事は、この憲法に特別の定のある場合を除いては、出席議員の過半数でこれを決し、可否同数のときは、議長の決するところによる。

第五七条〔会議の公開、会議録の公表、表決の記載〕両議院の会議は、公開とする。但し、出席議員の三分の二以上の多数で議決したときは、秘密会を開くことができる。
② 両議院は、各〻その会議の記録を保存し、秘密会の記録の中で特に秘密を要すると認められるもの以外は、これを公表し、且つ一般に頒布しなければならない。
③ 出席議員の五分の一以上の要求があれば、各議員の表決は、これを会議録に記載しなければならない。
第五八条　〔役員の選任・議院規則・懲罰〕両議院は、各〻その議長その他の役員を選任する。
② 両議院は、各〻その会議その他の手続及び内部の規律に関する規則を定め、又、院内の秩序をみだした議員を懲罰することができる。但し、議員を除名するには、出席議員の三分の二以上の多数による議決を必要とする。
第五九条　〔法律の制定、衆議院の優越〕法律案は、この憲法に特別の定のある場合を除いては、両議院で可決したとき法律となる。
② 衆議院で可決し、参議院でこれと異なつた議決をした法律案は、衆議院で出席議員の三分の二以上の多数で再び可決したときは、法律となる。
③ 前項の規定は、法律の定めるところにより、衆議院が、両議院の協議会を開くことを求めることを妨げない。
④ 参議院が、衆議院の可決した法律案を受け取つた後、国会休会中の期間を除いて六十日以内に、議決しないときは、衆議院は、参議院がその法律案を否決したものとみなすことができる。
第六〇条　〔衆議院の予算先議と優越〕予算は、さきに衆議院に提出しなければならない。
② 予算について、参議院で衆議院と異なつた議決をした場合に、法律の定めるところにより、両議院の協議会を開いても意見が一致しないとき、又は参議院が、衆議院の可決した予算を受け取つた後、国会休会中の期間を除いて三十日以内に、議決しないときは、衆議院の議決を国会の議決とする。
第六一条　〔条約の承認と衆議院の優越〕条約の締結に必要な国会の承認については、前条第二項の規定を準用する。
第六二条　〔議院の国政調査権〕両議院は、各〻国政に関する調査を行ひ、これに関して、証人の出頭及び証言並びに記録の提出を要求することができる。

第六三条〔**国務大臣の議院出席の権利・義務**〕内閣総理大臣その他の国務大臣は、両議院の一に議席を有すると有しないとにかかはらず、何時でも議案について発言するため議院に出席することができる。又、答弁又は説明のため出席を求められたときは、出席しなければならない。

第六四条〔**弾劾裁判所**〕国会は、罷免の訴追を受けた裁判官を裁判するため、両議院の議員で組織する弾劾裁判所を設ける。

② 弾劾に関する事項は、法律でこれを定める。

第五章　内　閣

第六五条〔**行政権と内閣**〕行政権は、内閣に属する。

第六六条〔**内閣の組織、文民資格、連帯責任**〕内閣は、法律の定めるところにより、その首長たる内閣総理大臣及びその他の国務大臣でこれを組織する。

② 内閣総理大臣その他の国務大臣は、文民でなければならない。

③ 内閣は、行政権の行使について、国会に対し連帯して責任を負ふ。

第六七条〔**内閣総理大臣の指名、衆議院の優越**〕内閣総理大臣は、国会議員の中から国会の議決で、これを指名する。この指名は、他のすべての案件に先だつて、これを行ふ。

② 衆議院と参議院とが異なつた指名の議決をした場合に、法律の定めるところにより、両議院の協議会を開いても意見が一致しないとき、又は衆議院が指名の議決をした後、国会休会中の期間を除いて十日以内に、参議院が、指名の議決をしないときは、衆議院の議決を国会の議決とする。

第六八条〔**国務大臣の任命、罷免**〕内閣総理大臣は、国務大臣を任命する。但し、その過半数は、国会議員の中から選ばれなければならない。

② 内閣総理大臣は、任意に国務大臣を罷免することができる。

第六九条〔**内閣不信任決議と解散又は総辞職**〕内閣は、衆議院で不信任の決議案を可決し、又は信任の決議案を否決したときは、十日以内に衆議院が解散されない限り、総辞職をしなければならない。

第七〇条〔**総理の欠缺又は総選挙と内閣の総辞職**〕内閣総理大臣が欠けたとき、又は衆議院議員総選挙の後に初めて国会の召集があつたときは、内閣は、総辞職をしなければならない。

第七一条〔総辞職後の内閣による職務執行〕前二条の場合には、内閣は、あらたに内閣総理大臣が任命されるまで引き続きその職務を行ふ。

第七二条〔内閣総理大臣の職権〕内閣総理大臣は、内閣を代表して議案を国会に提出し、一般国務及び外交関係について国会に報告し、並びに行政各部を指揮監督する。

第七三条〔内閣の職権〕内閣は、他の一般行政事務の外、左の事務を行ふ。

一　法律を誠実に執行し、国務を総理すること。

二　外交関係を処理すること。

三　条約を締結すること。但し、事前に、時宜によつては事後に、国会の承認を経ることを必要とする。

四　法律の定める基準に従ひ、官吏に関する事務を掌理すること。

五　予算を作成して国会に提出すること。

六　この憲法及び法律の規定を実施するために、政令を制定すること。但し、政令には、特にその法律の委任がある場合を除いては、罰則を設けることができない。

七　大赦、特赦、減刑、刑の執行の免除及び復権を決定すること。

第七四条〔法律・政令の署名・連署〕法律及び政令には、すべて主任の国務大臣が署名し、内閣総理大臣が連署することを必要とする。

第七五条〔国務大臣の訴追〕国務大臣は、その在任中、内閣総理大臣の同意がなければ、訴追されない。但し、これがため、訴追の権利は、害されない。

第六章　司　法

第七六条〔司法権・裁判所、特別裁判所の禁止、裁判官の独立〕すべて司法権は、最高裁判所及び法律の定めるところにより設置する下級裁判所に属する。

② 特別裁判所は、これを設置することができない。行政機関は、終審として裁判を行ふことができない。

③ すべて裁判官は、その良心に従ひ独立してその職権を行ひ、この憲法及び法律にのみ拘束される。

第七七条〔最高裁判所の規則制定権〕最高裁判所は、訴訟に関する手続、弁護士、裁判所の内部規律及び司法事務処理に関する事項について、規則を定める権限を有する。

② 検察官は、最高裁判所の定める規則に従はなければならない。
③ 最高裁判所は、下級裁判所に関する規則を定める権限を、下級裁判所に委任することができる。
第七八条〔裁判官の身分保障〕裁判官は、裁判により、心身の故障のために職務を執ることができないと決定された場合を除いては、公の弾劾によらなければ罷免されない。裁判官の懲戒処分は、行政機関がこれを行ふことはできない。
第七九条〔最高裁判所の構成、国民審査、定年、報酬〕最高裁判所は、その長たる裁判官及び法律の定める員数のその他の裁判官でこれを構成し、その長たる裁判官以外の裁判官は、内閣でこれを任命する。
② 最高裁判所の裁判官の任命は、その任命後初めて行はれる衆議院議員総選挙の際国民の審査に付し、その後十年を経過した後初めて行はれる衆議院議員総選挙の際更に審査に付し、その後も同様とする。
③ 前項の場合において、投票者の多数が裁判官の罷免を可とするときは、その裁判官は、罷免される。
④ 審査に関する事項は、法律でこれを定める。
⑤ 最高裁判所の裁判官は、法律の定める年齢に達した時に退官する。
⑥ 最高裁判所の裁判官は、すべて定期に相当額の報酬を受ける。この報酬は、在任中、これを減額することができない。
第八〇条〔下級裁判所の裁判官、任期、定年、報酬〕下級裁判所の裁判官は、最高裁判所の指名した者の名簿によつて、内閣でこれを任命する。その裁判官は、任期を十年とし、再任されることができる。但し、法律の定める年齢に達した時には退官する。
② 下級裁判所の裁判官は、すべて定期に相当額の報酬を受ける。この報酬は、在任中、これを減額することができない。
第八一条〔違憲審査制〕最高裁判所は、一切の法律、命令、規則又は処分が憲法に適合するかしないかを決定する権限を有する終審裁判所である。
第八二条〔裁判の公開〕裁判の対審及び判決は、公開法廷でこれを行ふ。
② 裁判所が、裁判官の全員一致で、公の秩序又は善良の風俗を害する虞があると決した場合には、対審は、公開しないでこれを行ふことができる。但し、政治犯罪、出版に関する犯罪又はこの憲法第三章で保障する

国民の権利が問題となつてゐる事件の対審は、常にこれを公開しなければならない。

第七章　財　政

第八三条　〔財政処理の基本原則〕国の財政を処理する権限は、国会の議決に基いて、これを行使しなければならない。

第八四条　〔租税法律主義〕あらたに租税を課し、又は現行の租税を変更するには、法律又は法律の定める条件によることを必要とする。

第八五条　〔国費の支出及び国の債務負担〕国費を支出し、又は国が債務を負担するには、国会の議決に基くことを必要とする。

第八六条　〔予算の作成と議決〕内閣は、毎会計年度の予算を作成し、国会に提出して、その審議を受け議決を経なければならない。

第八七条　〔予備費〕予見し難い予算の不足に充てるため、国会の議決に基いて予備費を設け、内閣の責任でこれを支出することができる。

② すべて予備費の支出については、内閣は、事後に国会の承諾を得なければならない。

第八八条　〔皇室財産・皇室費用〕すべて皇室財産は、国に属する。すべて皇室の費用は、予算に計上して国会の議決を経なければならない。

第八九条　〔公の財産の支出・利用提供の制限〕公金その他の公の財産は、宗教上の組織若しくは団体の使用、便益若しくは維持のため、又は公の支配に属しない慈善、教育若しくは博愛の事業に対し、これを支出し、又はその利用に供してはならない。

第九〇条　〔決算審査、会計検査院〕国の収入支出の決算は、すべて毎年会計検査院がこれを検査し、内閣は、次の年度に、その検査報告とともに、これを国会に提出しなければならない。

② 会計検査院の組織及び権限は、法律でこれを定める。

第九一条　〔内閣の財政状況報告〕内閣は、国会及び国民に対し、定期に、少くとも毎年一回、国の財政状況について報告しなければならない。

第八章　地方自治

第九二条　〔地方自治の基本原則〕地方公共団体の組織及び運営に関する事項は、地方自治の本旨に基いて、法律でこれを定める。

第九三条〔地方議会、長・議員等の直接選挙〕地方公共団体には、法律の定めるところにより、その議事機関として議会を設置する。

② 地方公共団体の長、その議会の議員及び法律の定めるその他の吏員は、その地方公共団体の住民が、直接これを選挙する。

第九四条〔地方公共団体の権能・条例制定権〕地方公共団体は、その財産を管理し、事務を処理し、及び行政を執行する権能を有し、法律の範囲内で条例を制定することができる。

第九五条〔特別法の住民投票〕一の地方公共団体のみに適用される特別法は、法律の定めるところにより、その地方公共団体の住民の投票においてその過半数の同意を得なければ、国会は、これを制定することができない。

第九章　改　正

第九六条〔憲法改正の手続、その公布〕この憲法の改正は、各議院の総議員の三分の二以上の賛成で、国会が、これを発議し、国民に提案してその承認を経なければならない。この承認には、特別の国民投票又は国会の定める選挙の際行はれる投票において、その過半数の賛成を必要とする。

② 憲法改正について前項の承認を経たときは、天皇は、国民の名で、この憲法と一体を成すものとして、直ちにこれを公布する。

第十章　最高法規

第九七条〔基本的人権の本質〕この憲法が日本国民に保障する基本的人権は、人類の多年にわたる自由獲得の努力の成果であつて、これらの権利は、過去幾多の試錬に堪へ、現在及び将来の国民に対し、侵すことのできない永久の権利として信託されたものである。

第九八条〔憲法の最高法規性、国際法規の遵守〕この憲法は、国の最高法規であつて、その条規に反する法律、命令、詔勅及び国務に関するその他の行為の全部又は一部は、その効力を有しない。

② 日本国が締結した条約及び確立された国際法規は、これを誠実に遵守することを必要とする。

第九九条〔憲法尊重擁護の義務〕天皇又は摂政及び国務大臣、国会議員、裁判官その他の公務員は、この憲法を尊重し擁護する義務を負ふ。

第十一章　補　則

第一〇〇条〔施行期日、施行の準備〕この憲法は、公布の日から起算して六箇月を経過した日から、これを施行する。〔昭二二・五・三施行〕

② この憲法を施行するために必要な法律の制定、参議院議員の選挙及び国会召集の手続並びにこの憲法を施行するために必要な準備手続は、前項の期日よりも前に、これを行ふことができる。

第一〇一条〔経過規定㈠―参議院未成立の間の国会〕この憲法施行の際、参議院がまだ成立してゐないときは、その成立するまでの間、衆議院は、国会としての権限を行ふ。

第一〇二条〔経過規定㈡―第一期参議院議員の任期〕この憲法による第一期の参議院議員のうち、その半数の者の任期は、これを三年とする。その議員は、法律の定めるところにより、これを定める。

第一〇三条〔経過規定㈢―憲法施行の際の公務員〕この憲法施行の際現に在職する国務大臣、衆議院議員及び裁判官並びにその他の公務員で、その地位に相応する地位がこの憲法で認められてゐる者は、法律で特別の定をした場合を除いては、この憲法施行のため、当然にはその地位を失ふことはない。但し、この憲法によつて、後任者が選挙又は任命されたときは、当然その地位を失ふ。